白象文化

斗數春秋

施大堯/著

目錄

前言

現在的紫微斗數大多以明代《紫微斗數全書》為根本，談得多是「廟旺利平陷」、「格局」、「神煞」、「賦文」，但這些都不是紫微斗數的原始出處，頂多只能說是「明朝人」的紫微斗數，豈可僅用「明朝觀點論民國之命」，筆者專心致力於紫微斗數的探源研究，以唐宋《紫微六經》為依歸，將「星宮職等」作為命格的基礎見解，輔之「星曜轉速」來客觀分析命運的進程。

在排命盤的部分上，以「心算排盤」來取代紙筆或掌上排盤，尤其參悟了「易經筮法」與「紫微安星」的關聯，並用以簡化「紫微星」與「局數」的推算法，使得十秒內知道命宮主星不再是難事。

推算紫微斗數所需要的生辰八字，其實有很大的問題，包括「時區誤差」、「均時差」、「合朔誤差」、「子時」、「閏月」、「夏令時間」等，如果以全球人口來估計，紫微命盤正確的人不到四分之一，因此筆者將出生時間的校正列為首要章節，並提出「真太陰時」的見解，用以解決農曆的標準問題。

有鑒於滿盤飛星的亂象，筆者以「飛星式子」貫通「飛星四化」，並重視「虛實準則」與「系統化」，尤其曾在做貧富差距的命盤研究時，驚人的發現飛星轉速與年收入成正比，也因此重新定義了四化的作用，並以「易經八卦圖」來為四化探源，給予更強力的佐證，也解決了「庚干四化」究竟哪個版本才正確的歷史難題。

十二宮的定義，從古至今便非定論，用單一宮位也難以解釋真實生活的諸多事件與面向，因此筆者提出了「方城」的見解，將「愛情」、「財運」、「健康」、「工作」等項目，分配給有關的「概念宮位」，讓「多宮」來處理單一議題，以求出最好的解答。

除了本命盤的基本論斷之外，行運盤也非常重要，但關於「流日流時」研究的人較少，傳統的方法準確度不高，筆者將「流月斗君」的概念，導入「流時斗君」，還原了流日流時應該要有的準確性，也完整了紫微斗數的流運架構。

這本書為紫微斗數的透解通會之作，貫穿了唐宋、元、明、清、民國等紫微斗數的發展，從排盤、生辰校正、談星論運、飛星四化等無所不包，這也是筆者對於紫微斗數的所有研究與實戰心得，希望能有對紫微斗數的傳承，出到一分微薄之力。

壹、生辰八字有誤的 6 個原因

紫微斗數的命盤排盤，需要以下資料：

①性別、出生的陽曆年、月、日、時，尤其是幾點幾分。

②出生地的經緯度，尤其是經度。

接著必須透過生辰校正，來轉換出最正確的農曆生辰，接著才能用排盤工具排盤。

⊙排盤程序：陽曆資料 → 校正 → 農曆生辰 → 排命盤

台灣地區需留意幾下兩點：

如果不知道幾點幾分出生，可以到「戶政事務所」申請出生證明。須留意：不是戶籍謄本，是出生證明。

西元 1937～1945 之間因為〈二戰〉關係，台灣這段時間的鐘錶時間所用的為 UTC＋9 時區，因此校正出生時辰的基準經度為東經 135 度；而台灣一九四五年的時間異常混亂，一定要再三考究才能得出正確時辰。

一、夏令時間出生需減1小時

有些國家處於高緯度，為了因應夏天晝長夜短的問題，實施了夏令時間，又稱日光節約時間，只要在這期間內，全國的鐘錶時間都會調快一小時，這也影響了在夏令時間所出生的人，其記載的出生時間不是準確的，誤差達「一個鐘頭」。

表A為大陸地區實施過的時間，皆是凌晨2時開始與結束：

表 A 大陸地區

西元	1945	1946	1947	1948	1949	1986	1987	1988	1989	1990	1991
開始	5/1	5/15	5/1	5/1	5/1	5/4	4/12	4/10	4/16	4/15	4/14
結束	9/30	9/30	9/30	9/30	9/30	9/14	9/13	09/11	09/17	09/16	09/15

表B為「台灣」實施過的時間，皆是凌晨0時開始與結束：

表 B 台灣

西元	1945	1946	1947	1948	1949	1950	1951	1952	1953	1954
開始	5/1	5/15	4/15	5/1	5/1	5/1	5/1	3/1	4/1	4/1
結束	9/30	9/30	10/31	9/30	9/30	9/30	9/30	10/31	10/31	10/31
西元	1955	1956	1957	1958	1959	1960	1961	1974	1975	1979
開始	4/1	4/1	4/1	4/1	4/1	6/1	6/1	4/1	4/1	7/1
結束	9/30	9/30	9/30	9/30	9/30	9/30	9/30	9/30	9/30	9/30

表C為「香港」實施過的時間，皆是凌晨0時開始與結束：

表C 香港

西元	1941	1942	1943	1944	1945	1946	1947	1948	1949	1950
開始	4/1	1/1	1/1	1/1	1/1	4/20	4/13	5/2	4/3	4/2
結束	9/30	12/31	12/31	12/31	12/31	12/1	12/30	10/31	10/30	10/29
西元	1951	1952	1953	1954	1955	1956	1957	1958	1959	1960
開始	4/1	4/6	4/5	3/21	3/20	3/18	3/24	3/23	3/22	3/20
結束	10/28	10/25	11/1	10/31	11/6	11/4	11/3	11/2	11/1	11/6
西元	1961	1962	1963	1964	1965	1966	1967	1968	1969	1970
開始	3/19	3/18	3/24	3/22	4/18	4/17	4/16	4/21	4/20	4/19
結束	11/5	11/4	11/3	11/1	10/17	10/16	10/22	10/20	10/19	10/18
西元	1971	1972	1973	1973	1974	1975	1976	1979		
開始	4/18	4/16	4/22	12/30	1/1	4/20	4/18	5/13		
結束	10/17	10/22	10/21	12/31	10/20	10/19	10/17	10/21		

二、生辰所取的是「太陽時」而不是「時區時」

時代在進步，科技發達，讓數千里路能一日到達，為了方便國家的運作與交通的銜接，得讓全球時間統一，因此在一八八四年子午線國際會議後開始世界標準時制度，以經度0度子午線（在倫敦）為中間點，東西各設了12個時區，每一個時區就是差一小時，地球一周剛好24小時。

在太平洋上，則有一條國際換日線，作為日期的劃分。

以上的時間皆是「鐘錶時間」，並非真正的「自然時間」，紫微斗數排盤需要的不是「鐘錶時間」，而是「自然時間」。

以台灣二〇一七年第一道曙光為例，新北市貢寮區三貂角日出時間為 06:37，金門縣則是 06:51，共差了14分鐘，兩地同一個鐘錶時間；在時區校正完之後，三貂角為 06:45，金門縣則是 06:45，沒看錯，兩地時間一致了，這是「平太陽時」，也就是以「太陽」來定位「地球自轉度數」的「自然時間」。

校正的方法

利用手機中的 APP：Google Maps 就能查看所選取位置的座標經緯度。

輸入出生的市鄉鎮地名，輸入完點擊「出生地」，抄下顯示的「地平經度」，以日月潭為例地平經度為 120.91。

台灣時區，為東經 120 度，因此，查出來的出生地「地平經度」數字大於 120，就是每度「＋240 秒」；若數字小於 120，每差一度就「-240 秒」。

例 1：台北市台大醫院，查出來的地平經度為 121.52，比台灣時區 120 度多了 1.52 度，因此，共＋364.8 秒。

例 2：澎湖縣七美鄉，查出來的地平經度為 119.43，比台灣時區 120 度少了 0.57 度，因此，共-136.8 秒。

華人聚集的時區一覽

現在，台灣、大陸、香港、澳門、新加坡、馬來西亞等地，都是 UTC＋8 時區，為東經 120 度。

大陸地區在一九五四年以後才統一為 UTC＋8 時區，之前都是以「北京」的「自然時間」為全國基礎，特殊時區，為東經 116.4 度。

溫哥華、洛杉磯為 UTC−8 時區，為−120 度。

紐約為 UTC−5 時區，為−75 度。

三、不是天天固定24小時（均時差）

前面的章節，透過「地平經度」可以得到一個「自然時間」，但這一個時間是建立在「地球自轉一度是 4 分鐘」的概念上，稱為「平均太陽時」。

地球的自轉軸是傾斜的，所以太陽黃道面與赤道並非一個平面，而是有個角度，使得近日點與遠日點的時間有差異，又因為遠近的離心率不同，造成一日並非剛好24小時，有時長，有時短，這個「日晷時間」便稱為「真太陽時」或「視太陽時」。

「平均太陽時」與「真太陽時」之間的「時間差異」就稱為「均時差」，將「平太陽時」加上「均時差」，就是紫微斗數所需要的「真太陽時」，下圖為「全年均時差曲線圖」，更細的時間可看次頁的「全年均時差便覽」。

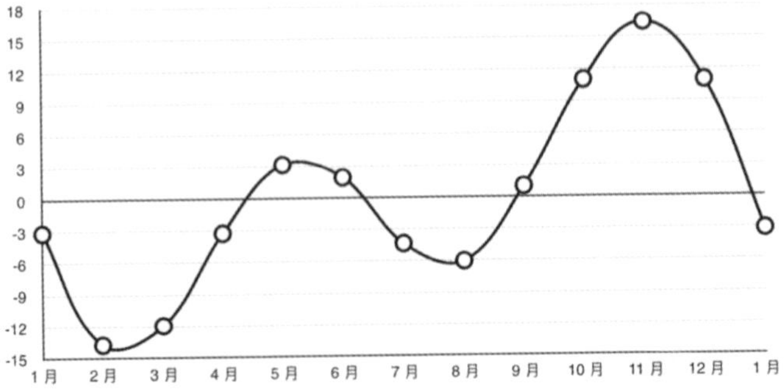

全年均時差便覽

	1月	2月	3月	4月	5月	6月	7月	8月	9月	10月	11月	12月
1日	-3分9s	-13分44s	-11分56s	-3分16s	+3分10s	+1分54s	-4分22s	-6分3s	+1分0s	+10分59s	+16分24s	+10分56s
2日	-3分38s	-13分50s	-11分43s	-2分58s	+3分16s	+1分44s	-4分33s	-5分57s	+1分20s	+11分18s	+16分25s	+10分33s
3日	-4分6s	-13分56s	-11分29s	-2分41s	+3分21s	+1分34s	-4分43s	-5分51s	+1分40s	+11分36s	+16分25s	+10分9s
4日	-4分33s	-14分1s	-11分15s	-2分24s	+3分26s	+1分23s	-4分53s	-5分44s	+2分1s	+11分36s	+16分24s	+9分45s
5日	-5分1s	-14分5s	-11分1s	-2分7s	+3分30s	+1分12s	-5分2s	-5分36s	+2分21s	+11分53s	+16分23s	+9分21s
6日	-5分27s	-14分9s	-10分47s	-1分50s	+3分37s	+1分0s	-5分11s	-5分28s	+2分42s	+12分11s	+16分21s	+8分55s
7日	-5分54s	-14分11s	-10分32s	-1分33s	+3分36s	+48s	-5分20s	-5分19s	+3分3s	+12分28s	+16分17s	+8分29s
8日	-6分20s	-14分13s	-10分16s	-1分17s	+3分39s	+36s	-5分28s	-5分10s	+3分3s	+12分44s	+16分13s	+8分3s
9日	-6分45s	-14分14s	-10分1s	-1分1s	+3分40s	+24s	-5分36s	-5分0s	+3分24s	+12分60s	+16分9s	+7分36s
10日	-7分10s	-14分15s	-9分45s	+46s	+3分42s	+12s	-5分43s	-4分50s	+3分45s	+13分16s	+16分3s	+7分9s
	1月	2月	3月	4月	5月	6月	7月	8月	9月	10月	11月	12月
11日	-7分35s	-14分14s	-9分28s	+30s	+3分42s	-1s	-5分50s	-4分39s	+4分6s	+13分16s	+15分56s	+6分42s
12日	-7分59s	-14分13s	-9分12s	+16s	+3分42s	-14s	-5分56s	-4分27s	+4分27s	+13分31s	+15分49s	+6分14s
13日	-8分22s	-14分11s	-8分55s	+1s	+3分42s	-39s	-6分2s	-4分15s	+4分48s	+13分45s	+15分41s	+5分46s
14日	-8分45s	-14分8s	-8分38s	+13s	+3分41s	-52s	-6分8s	-4分2s	+5分10s	+13分59s	+15分32s	+5分17s
15日	-9分7s	-14分5s	-8分21s	+27s	+3分39s	-1分5s	-6分12s	-3分49s	+5分31s	+14分13s	+15分22s	+4分48s
16日	-9分28s	-14分1s	-8分4s	+41s	+3分37s	-1分18s	-6分16s	-3分36s	+5分53s	+14分26s	+15分11s	+4分19s
17日	-9分49s	-13分56s	-7分46s	+54s	+3分34s	-1分31s	-6分20s	-3分21s	+6分14s	+14分38s	+14分60s	+3分50s
18日	-10分9s	-13分51s	-7分29s	+1分6s	+3分31s	-1分45s	-6分23s	-3分7s	+6分35s	+14分50s	+14分47s	+3分21s
19日	-10分28s	-13分44s	-7分11s	+1分19s	+3分27s	-1分57s	-6分25s	-2分51s	+6分57s	+15分1s	+14分34s	+2分51s
20日	-10分47s	-13分38s	-6分53s	+1分31s	+3分23s	-2分10s	-6分27s	-2分36s	+7分18s	+15分12s	+14分20s	+2分22s
	1月	2月	3月	4月	5月	6月	7月	8月	9月	10月	11月	12月
21日	-11分5s	-13分30s	-6分35s	+1分42s	+3分18s	-2分23s	-6分29s	-2分20s	+7分39s	+15分21s	+14分6s	+1分52s
22日	-11分22s	-13分22s	-6分17s	+1分53s	+3分13s	-2分36s	-6分29s	-2分3s	+8分0s	+15分31s	+13分50s	+1分22s
23日	-11分38s	-13分13s	-5分58s	+2分4s	+3分7s	-2分48s	-6分29s	-1分47s	+8分21s	+15分40s	+13分34s	+0分52s
24日	-11分54s	-11分4s	-5分40s	+2分14s	+3分1s	-3分1s	-6分29s	-1分29s	+8分42s	+15分48s	+13分17s	+0分23
25日	-12分8s	-12分54s	-5分22s	+2分23s	+2分54s	-3分13s	-6分28s	-1分12s	+9分2s	+15分55s	+12分59s	-7s
26日	-12分22s	-12分43s	-5分4s	+2分33s	+2分47s	-3分25s	-6分26s	-54s	+9分22s	+16分1s	+12分40s	-37s
27日	-12分35s	-12分32s	-4分45s	+2分41s	+2分39s	-3分37s	-6分24s	-35s	+9分42s	+16分7s	+12分21s	-1分6s
28日	-12分59s	-12分21s	-4分27s	+2分49s	+2分31s	-3分49s	-6分21s	-17s	+10分2s	+16分12s	+12分1s	-1分36s
29日	-13分10s	-12分8s	-4分9s	+2分57s	+2分22s	-4分0s	-6分17s	+0分2s	+10分21s	+16分16s	+11分40s	-2分5s
30日	-13分19s		-3分51s	+3分4s	+2分13s	-4分11s	-6分13s	+0分21s	+10分40s	+16分20s	+11分18s	-2分34s
31日	-13分37s		-3分33s		+2分4s		-6分8s	+0分41s		+16分22s		-3分3s

四、「子時」應當歸屬於哪一天

紫微斗數排盤用的基本時間單位是「時辰」，一個時辰有兩個小時，如下圖。

會發現「子時」，橫跨 23:00～01:00 之間，眾所皆知 00:00 為換日期的時刻，因此「子時」所出生，便具爭議。

有一方認為 23:00～00:00 為夜子時，歸前一天所有，00:00～01:00 為早子時，歸後一天所有，因此同一個子時，分屬不同日期的兩張命盤。

有一方認為，古人以子時為一日之初，而24小時制為現代觀念，古今有異，應該崇古鑠今，改以 23:00 為換日時刻，只要是 23:00～00:00 所出生，農曆日期要＋1，成第二日。

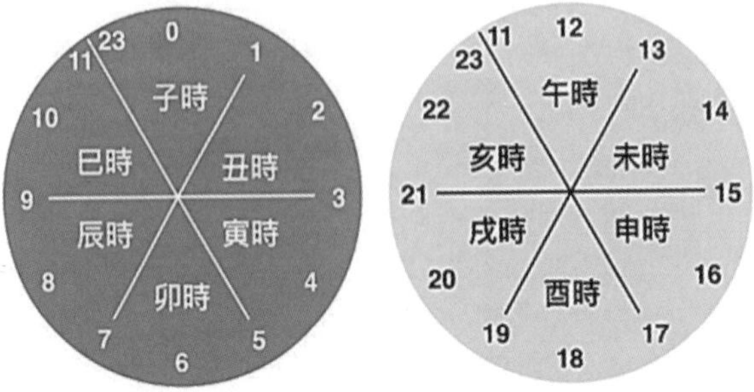

關於「子時」爭議，筆者是站在崇古立場，認為子時不可切割，理由如下：

紫微斗數的星曜變化並非「連續面」，換一個時辰，盤面變化極大，這不可能實證不出來真偽，除非斗數本身是偽學。

紫微斗數用的是陰曆，並非節氣，「子時」中有換日指標「零時」，就如同「農曆正月」中遇到換年指標「節氣立春」，《紫微斗數全書》中提及：「希夷仰觀天上星，作為斗數推人命，不依五星要過節，只論年月日時生」，既然現行的紫微斗數並無依「立春」換「年柱」的做法，也就無須依「零時」換「日柱」。

命宮的推算，是以出生月份象徵的宮位上，起子時，逆時針數至「生時」而定；12月對應12時，若子時切割成二份，等於一日13個時辰，不合乎安命宮的準則。

2012 每個月陰曆十五，其月亮達中天的時間					
陰曆正月	陰曆二月	陰曆三月	陰曆四月	陰曆五月	陰曆六月
23:04	23:24	22:53	00:00	23:55	00:00
陰曆七月	陰曆八月	陰曆九月	陰曆十月	陰曆十一月	陰曆十二月
23:56	00:00	23:33	23:50	23:23	23:42

因此，當出生時間介於 23:00～00:00 之間，可將農曆生日＋1，例如：農曆正月三日 23:20 生，應改為正月四日子時。

但夜子時出生之人，確實命運的變數較大；如同太陽午時在中天，月亮則是在農曆十五日子時於中天，但每月的「月正中天」時間不太一樣，大抵都在「夜子時」。

五、「閏月」出生需要核對「節氣時」

下頁表為台灣時區（E120） 1960～2040 年的閏月節氣時：

農曆閏月十五這天，會有「節氣時」，在「節氣時」之前算上個月，「節氣時」後算下個月。

例 1：陽曆 2017 年 8 月 7 日 15:35 出生，本為閏六月出生，比對上表，在「節氣時」之前，歸為農曆六月出生。

例2：同上，當出生時間為15:45出生，因為在「節氣時」之後，歸為農曆七月出生。

閏月之年	閏月中節氣	閏月之年	閏月中節氣
1960年 閏六月	陽8/7 21:00	2001年 閏四月	陽6/5 22:54
1963年 閏四月	陽6/6 18:14	2004年 閏二月	陽4/4 18:43
1966年 閏三月	陽5/6 07:30	2006年 閏七月	陽9/8 02:39
1968年 閏七月	陽9/7 22:11	2009年 閏五月	陽7/7 07:14
1971年 閏五月	陽7/8 02:51	2012年 閏四月	陽6/5 14:26
1974年 閏四月	陽6/6 09:52	2014年 閏九月	陽11/7 20:07
1976年 閏八月	陽10/8 11:58	2017年 閏六月	陽8/7 15:40
1979年 閏六月	陽8/8 11:11	2020年 閏四月	陽6/5 12:58
1982年 閏四月	陽6/6 08:36	2023年 閏二月	陽4/5 09:13
1984年 閏十月	陽12/7 06:28	2025年 閏六月	陽8/7 13:51
1987年 閏六月	陽8/8 09:29	2028年 閏五月	陽7/6 21:30
1990年 閏五月	陽7/7 17:00	2031年 閏三月	陽5/6 00:35
1993年 閏三月	陽5/5 20:02	2033年 閏冬月	陽9/7 15:20
1995年 閏八月	陽10/9 02:27	2036年 閏六月	陽8/7 05:48
1998年 閏五月	陽7/7 15:30	2039年 閏五月	陽7/7 13:26

六、顛覆生辰八字的「真太陰時」

此校正方法說是絕學都不為過，鮮少人知道，其影響力之深廣，足以撼動推命術之根本。

農曆的「月份」，在天文意義上指的是，以「太陽」與「地球」之間為起點，「月亮」繞「地球」一圈回到起點，這個時刻稱為「日月合朔」，從地球的視角看，就是日月歸同邊，合朔發生的當下，那一個日子稱為「初一」，如下圖例，這一個週期約 29.5 天，這數字稱為「會合周期」。

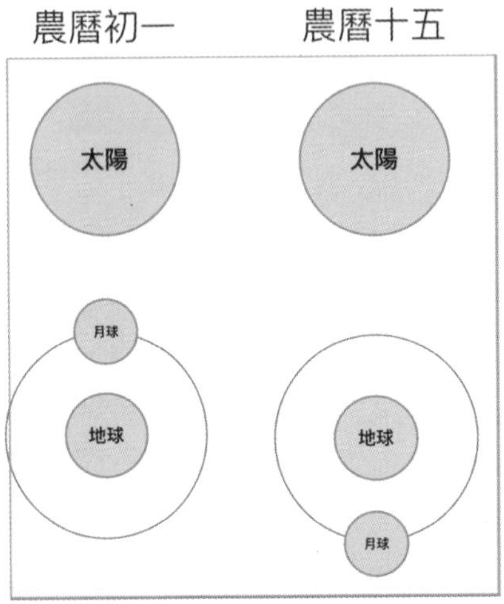

補充論述，因為地球也繞著太陽公轉，因此月球公轉地球一圈並不是真正的「繞一圈」，「軌道週期」比「會合周期」來的短些，大約 27.3 天。

「初一」因為日月同一邊，所以在地球上，會看到日月一同從東方升起，這時，不只夜裡看不到月亮，初一前後幾天，也會因為「背光」，月亮的臉都是黑的，只有側邊一點點亮。

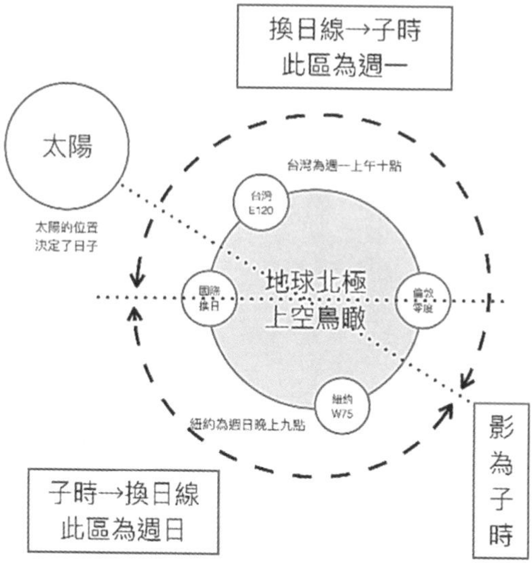

當「日月合朔」發生的當下，是一瞬間的現象，這時候的地球，陽曆上並非同一天，例如：當合朔發生時，台灣為週一上午十點，紐約卻是週日晚上九點，但目前全球華人共用的都是UTC+8時區的農曆，就以此例來說，紐約的初一應該要在週日。

如上圖，國際換日線以東是一天，以西是另一天，這正是需要校正之一，還原當地農曆上的「初一」對應的陽曆日子。

真太陰時的校正方法

從書末附錄的「東經 120 度 1960~1939 日月合朔」之中，找出陽曆生日前夕的合朔日子，將此日子依自己的出生地經緯度去做「地平經度校正」、「子時校正」等調整。

當校正完成後，日子有變，則表示自己的生辰八字有誤，日子不變，則表示自己的生辰八字是正確的。

例 1：陽曆 1976 年 4 月 12 日 台北 出生，查表後，生日前夕的合朔時間為 3/31 01:08，台北的地平經度約＋6 分鐘，修正後的合朔日期不變，因此陽曆可直接轉成農曆。

例 2：陽曆 1999 年 12 月 25 日 洛杉磯 出生，查表後，生日前夕的合朔時間為 12/8 06:32，洛杉磯的地平經度為-118.24 度，當地的時區是以-120 度為基準，因此差異有＋1.76 度，以 1 度 4 分鐘計算，等於＋7 分鐘，又洛杉磯為 UTC-8 時區，台灣為＋8，兩地相差16 小時，比台灣少16 小時，因此合朔時間必須減十六小時又回加七分鐘，校正後為 12/7 14:39，也修正為 12/7 為初一，原本則是是 12/8 是初一。

所以在陽曆生日不變的前提下，依傳統農民曆，陽曆 1999/12/25 換算農曆為 11/18，會因為在洛杉磯出生，改為 11/19。

例 3：1988 年 2 月 17 日 台北 出生，查表後，合朔時間與生日同一天，2/17 23:55，因為同一天，直接用農民曆換算就是農曆正月初一，但實際上有差錯，看以下的校正說明。

台北的地平經度為 121.5 度，時區標準是 120 度，多了 1.5 度，以 1 度 4 分鐘計算，加了 6 分鐘，因此合朔時間修改為 2/18 00:01，由於本例生日是 2/17，農曆生日需減一天。

校正前的農曆生日：戊辰年 正月 初一

校正後的農曆生日：丁卯年 十二月 三十

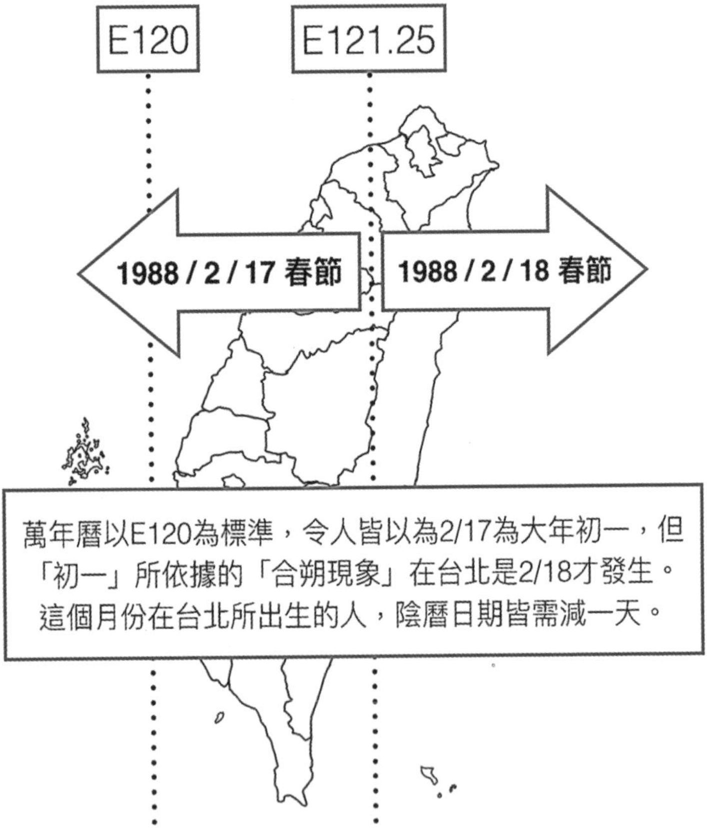
E120
E121.25
1988 / 2 / 17 春節
1988 / 2 / 18 春節
萬年曆以E120為標準，令人皆以為2/17為大年初一，但「初一」所依據的「合朔現象」在台北是2/18才發生。這個月份在台北所出生的人，陰曆日期皆需減一天。

七、陽曆轉農曆之「校正實戰 13 題」

第一題：陽曆 1988 年 8 月 8 日 20 時 59 分 宜蘭 蘇澳

第二題：陽曆 2000 年 2 月 2 日 03 時 10 分 台南 安平

第三題：陽曆 1960 年 6 月 6 日 17 時 43 分 南投 埔里

第四題：陽曆 2001 年 5 月 5 日 12 時 24 分 彰化 鹿港

第五題：陽曆 2008 年 4 月 28 日 23 時 30 分 台北 淡水

第六題：陽曆 1976 年 10 月 8 日 13 時 25 分 桃園 大溪

第七題：陽曆 1974 年 7 月 23 日 0 時 10 分 福建 金門

第八題：陽曆 1966 年 5 月 6 日 07 時 26 分 台東 蘭嶼

第九題：陽曆 1982 年 1 月 5 日 0 時 3 分 高雄 鼓山

第十題：陽曆 1967 年 5 月 30 日 12 時 12 分 花蓮市區

第十一題：陽曆 1991 年 11 月 1 日 22 時 37 分 台北 九份

第十二題：陽曆 1975 年 4 月 12 日 0 時 1 分 澎湖 馬公

第十三題：陽曆 2015 年 5 月 23 日 11 時 55 分 紐約 皇后區

以上命例會用到所有校正法，網站 sdayao.com 會有題目的答案，也會有「陽曆轉農曆」需要的「萬年曆」連結。

貳、為斗數基石之「地星」引力

如果用攝影來比喻論命，十二地支就像是「構圖」，星曜的排列都因為「地支」而有秩序。

命宮，象徵的是性格，而命宮內的星曜，並不如地支的影響來得多，甚至說，同一顆星在不同地支上，性質天差地遠。

構圖的好，再差的相機，都能拍出有靈性的照片；論命，抓住「地支」，命主的性格一覽無遺。

本章純粹探討「地支」與「星曜」間的奧妙關係；這也是透解「星曜性情」的不二法門。

一、地支所象徵的性格（上）「馬敗庫」

馬敗庫在明代古書中的賦文多有提及，亦為古格局的構成基礎，但畢竟古今價值觀差異大，古格局之論已不切實際，因此筆者以個人多年論命之心得，將馬敗庫以新的面貌再次呈現於世人。

如鐵一般的「馬地」

「寅、申、巳、亥」這四個位置，都稱為「馬地」。

馬地是命盤中的角落位置，有棱有角的馬地，呈現的是如「鐵」一般的性格，有個性、理智、不服輸、有勇有志。

性格的缺點，為擇善固執、高傲，勇氣與莽撞一線之隔，就看是什麼星曜坐落其中。

命宮在馬地的人，非常鐵齒，往往也是踢館的常客，但只要真的能使其相信，反而會是鐵粉。

勤奮也是特性之一，所以才配得起「馬地」之名，但也因此有「勞碌」的形象。

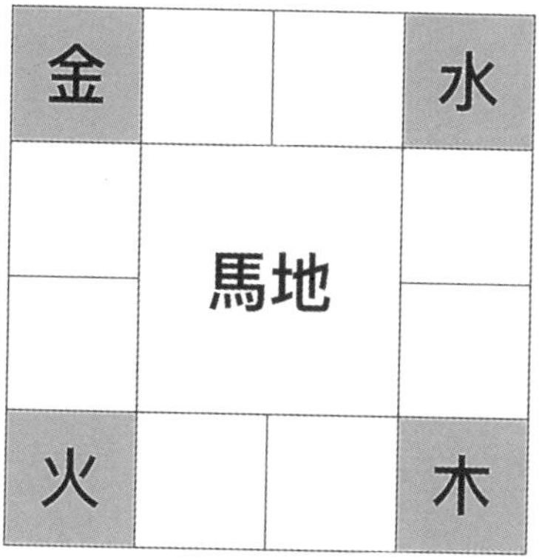

馬地分為四種：「金馬、木馬、水馬、火馬」，「巳」為金馬、「亥」為木馬、「申」為水馬、「寅」為火馬。

以「馬鐵」為「基底性格」，搭配「金木水火」後會有些差異存在；「金馬」如利刃、「木馬」如秤坨、「水馬」如婚戒、「火馬」如鐵拳。

金馬如利刃，利刃是為了防身，但有時卻因為過度的保護而傷人，這是在「堅毅」之上，賦予了一個「警戒」的特性。

木馬如秤坨，秤砣即是天平，為古代的度量衡工具，用來計算物品重量，常與算盤一塊使用，象徵平衡、計算，這是在「堅毅」之上，賦予一個「公平」的特性。

水馬如婚戒，婚戒並非一般的飾品，為柔弱的金屬，卻展現堅實的信念，有著守時、守護的象徵，這是在「堅毅」之上，賦予一個「浪漫」的特性。

火馬如鐵拳，鐵拳有著無堅不摧的意象，象徵著，就算笨就算蠢，但只要勤奮，自有沖天之力，天道酬勤，這是在「堅毅」之上，賦予一個「積極」的特性。

以上的特質，皆為性格基礎，後來再疊上「星曜」，就會顯現「真性情」。

端正無邪的「敗地」

「子、午、卯、酉」這四個位置，都稱為「敗地」。

這四個位置，都象徵著「端正」，「子」為正北、「午」為正南、「卯」為正東、「酉」為正西。

又代表著春夏秋冬，春卯、夏午、秋酉、冬子。

又象徵「物極必反」，到了極端氣象便開始翻轉，例如：冬至、夏至、正午、夜半，有如陰晴圓缺，陰陽相依，因此以「敗」為名。

敗地的性格，端正無邪、真誠直率、安逸輕鬆。

性格的缺點為，懶惰、散漫、過於直白的表達。

敗地通常也是俊男美女衆多的位置，相對的，如同「敗」的字義一樣，對於錢財的使用較為大方。

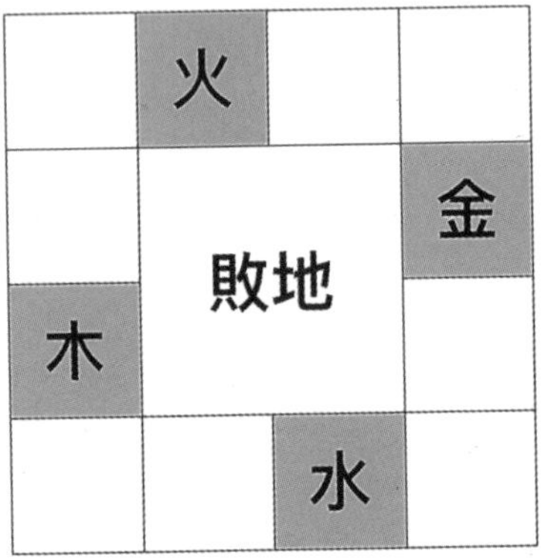

敗地分為四種：「金敗、木敗、水敗、火敗」，「酉」為金敗、「卯」為木敗、「子」為水敗、「午」為火敗。

以「無邪」為「基底性格」，搭配「金木水火」後會有些差異存在；「金敗」如琉璃、「木敗」如長空、「水敗」如甘泉、「火敗」如烈酒。

金敗如琉璃，琉璃清澈透明，但又脆弱，有著高貴的尊嚴，不容許抹黑與侵犯，這是在「無邪」之上，賦予了一個「脆弱」的特性。

木敗如長空，長空蔚藍，萬里無雲，黑夜時，星辰遍佈，看似空白，卻以微光照耀天地，這是在「無邪」之上，賦予一個「寬仁」的特性。

水敗如甘泉，人情冷暖，飲水自知，富貴貧賤，皆有所養，待他人輕我，侮我，呵呵便過，這是在「無邪」之上，賦予一個「隨性」的特性。

火敗如烈酒，當局者迷，旁觀者清，富有同情心，常陷入人情漩渦之中，這是在「無邪」之上，賦予一個「執著」的特性。

深藏不露的「庫地」

「辰、戌、丑、未」這四個位置，都稱為「庫地」。

庫地擁有複雜的性格，因為複雜，而看事情的角度多元，常帶給人有聰明的形象。

這四個位置都是四季的尾巴，即將轉換另一個季節的瞬間，因此「兼愛」也是這一個宮位的特性，也是造成性格複雜的由來，用朝代更迭來形容，庫地就如同亂世。

「庫」亦有科舉、文書、排列收藏、收納等意涵，這在性格上，呈現了一種靜態的涵養。

庫地的性格，善思考、包容力強、知性。

性格的缺點，多慮、耳根子軟。

庫地的求知欲強，多有一技之長，但也拘謹，比較保護自己。

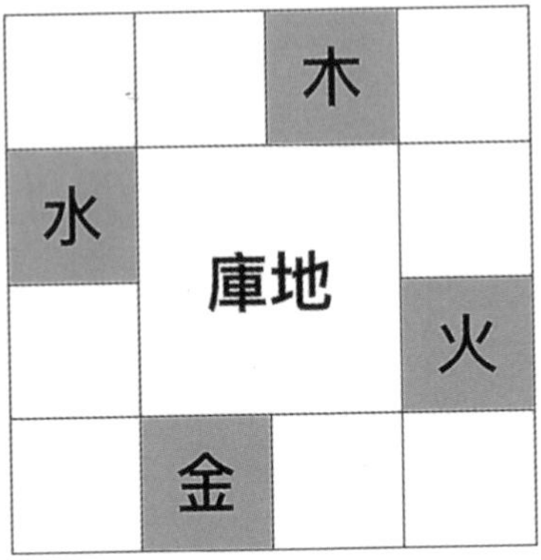

以「知性」為「基底性格」，搭配「金木水火」後會有些差異存在；「金庫」如雷電、「木庫」如明鏡、「水庫」如彩虹、「火庫」如明燈。

金庫如雷電，在黑夜中帶來光明，但卻有令人驚恐的聲光效果，快速與能量是現代科技生活不可缺少的，這是在「知性」之上，賦予了一個「敏銳、快速」的特質。

木庫如明鏡，鏡子能反省自照亦能關照他人，人是互相的，如眼瞳裡的人，喜歡或厭惡都來自感受，這是在「知性」之上，賦予一個「旁觀、靜默」的特質。

水庫如明月，與雷電一樣在黑夜中帶來光明，但卻是浪漫又暇意，這是在「知性」之上，賦予一個「緩慢、感性」的特質。

火庫如明燈，燈是人為的光源，也象徵著人類應用萬物謀生的能力，這是在「知性」之上，賦予一個「開創、進步」的特質。

二、地支所象徵的性格（下）「金木水火」

「五行」為「金、木、水、火、土」，其中又有生剋之道，如「金剋木、木剋土、土剋水、水剋火、火剋金、金生水、水生木、木生火、火生土、土生金」，生剋之道不帶吉凶，平衡為吉，失衡為凶，又五行皆帶陰陽，因此共有十個五行種類「陽金、陰金、陽木、陰木、陽水、陰水、陽火、陰火、陽土、陰土」，彼此間的生剋制衡上，凡是「陽對陽、陰對陰」皆為「無情」，「陽對陰、陰對陽」皆為有情。

地支中含有五行，五行對星曜有影響，但比「馬敗庫」影響弱；每個地支皆藏有一至三種「五行」，每一個五行配對都是一個單獨的理論，例如：地支「申」，藏有「金、水、土」三種五行，但各為三種理論：「三會、三合、卦氣」，而「三合」為影響星曜最重的五行。

因此地支性情的推論，首重「馬敗庫」，次看「三合」五行，之後參合「星曜」性格，總結以上便已完備，至於三合以外的地支五行，暫且不用。

巳酉丑三合「金地」、亥卯未三合「木地」

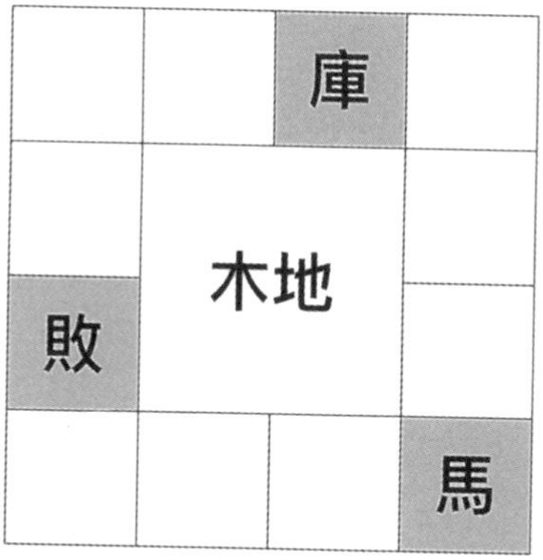

在五行本義上，「金」有收斂的特性，與「木」的發散相對；但從斗數上來看不太一樣，金代表著「表現」，與木代表的「木訥」相對，這也是「地支性格」在使用上必須要留心的地方。

金地的人，在性格上，特徵為「緊張、敏銳」。

木地的人，在性格上，特徵為「木訥、平實」。

申子辰三合「水地」、寅午戌三合「火地」

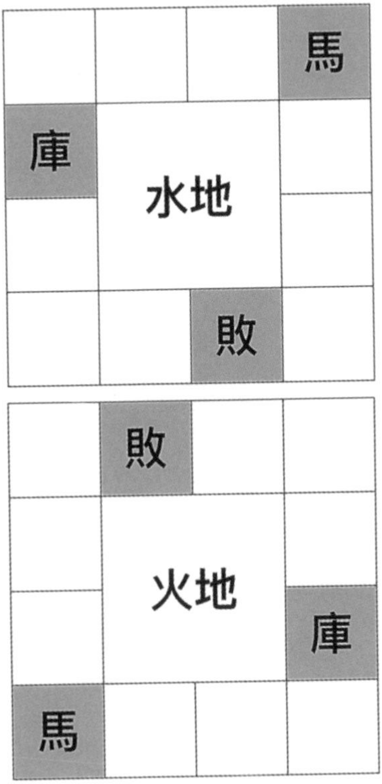

在五行本義上，「水」有往低處流的特性，與「火」的向上升騰相反；但斗數上的解釋不同於五行本義，而是，水代表著「浪漫」，與火代表的「務實」相對。

水地的人，在性格上，特徵為「浪漫、隨性」

火地的人，在性格上，特徵為「務實、積極」

三、用來形容位置的術語「夾、拱、照」

宮位之間的相互「位置」有其特殊的「術語」。

「六沖」=「對宮」=「照」

「六沖」是推命術中廣泛的應用之一，象徵「相反的立場」，或者指「衝突」，也可以解釋為「互補」，不一定是「傷害」。

「六沖」在斗數的使用上，則象徵「最遠距離的另一宮」，稱為「對宮（對面的宮位）」，以太陽星為例，太陽主真命天子，當「流年命宮」在「太陽星的對宮」時，主分手、離開、聚少離多。

「對宮」除了象徵「遙遠的距離」，也有「動靜」之別，例如：命宮主「靜」，對宮為「遷移宮」，則主「動」；「田宅宮」主靜，對宮的「子女宮」則主動。

對宮（六沖）示意圖：

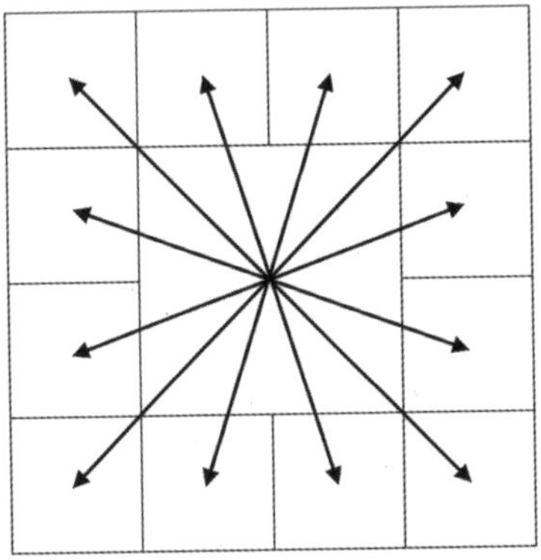

對宮，又稱為「照」，有照面我方的意思。

「三合」＝「拱」

「三合」也是推命術中廣泛的應用之一，其三角形的特徵，象徵著「穩固、基石」，在斗數上把能成為三合的宮位，皆稱為「拱」。

只要成為「三合」的宮位，宮中的星曜都會彼此產生羈絆，因此「拱」並無吉凶的意思，關鍵在「羈絆」的解讀。

拱（三合）示意圖：

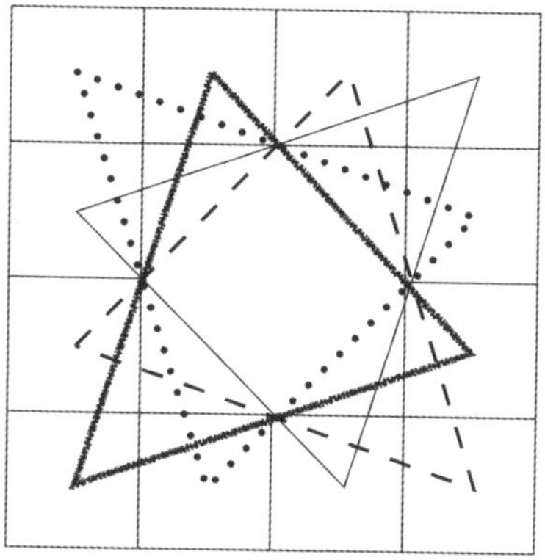

在斗數中有很多「必定」為三合的「宮」或「星」組合，例如：命財官、紫武廉、殺破狼……等。

這些如宿命一般的羈絆，通常會讓星曜的性情變得雷同相似，而令人難以清楚的界定星曜性情，這都可以透過觀察「單星獨坐」的命例來剖析星曜特性。

「夾宮」＝左右兩側的宮位

「夾宮」指的是「緊黏的另一宮」，因有左右兩側，通常稱「夾」，如果說「三合」是大臣，「夾宮」就是宦官、外戚，夾宮重要之處，在於提供「外援」，三合可以看作是自己的力量，而夾宮應看作是「借力使力」。

舉例來說，找人合夥來白手起家就像三合；借助父母之力而創業，就像夾宮。

「三合」與「夾宮」雖然都是貴人，但有親疏上的差異，「夾」最親，「拱」次之，「照」最遠。

「夾、拱、照」總示意圖（以星號為例）：

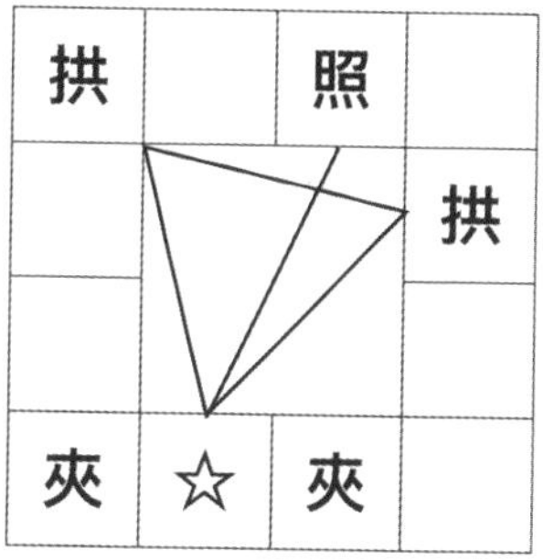

這張圖非常重要，是所有「羈絆」的總成，也是「格局」的形成要件，務必熟記。

四、「歸邊」劃分了「方位」與「日夜」

歸邊有兩種：「上下歸邊」、「左右歸邊」。

上下歸邊，上邊象徵「南方」，下邊象徵「北方」；又上邊象徵「白天」，下邊象徵「夜晚」。

星曜大量集中的一邊，為活躍的一邊，若兩邊數量差不多，以星曜的「星官職等」為準，職等高的一方為活躍。

上下歸邊的宮位，彼此間稱為「六害」，象徵南北差異、日夜差異。

上下歸邊（六害）示意圖：

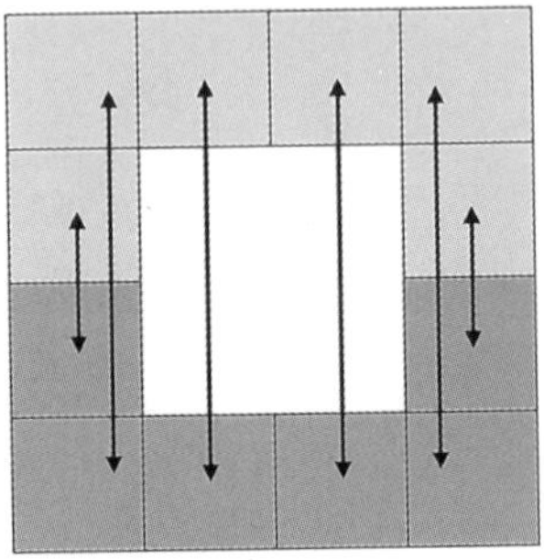

左右歸邊，左邊象徵「東方」，右邊象徵「西方」；又左邊象徵「文」，右邊象徵「商」。

星曜大量集中的一邊，為活躍的一邊，若兩邊數量差不多，以星曜的「星官職等」為準，職等高的一方為活躍。

左右兩邊的宮位，彼此間稱為「六合」，又稱「暗合」。

左右歸邊（六合）示意圖：

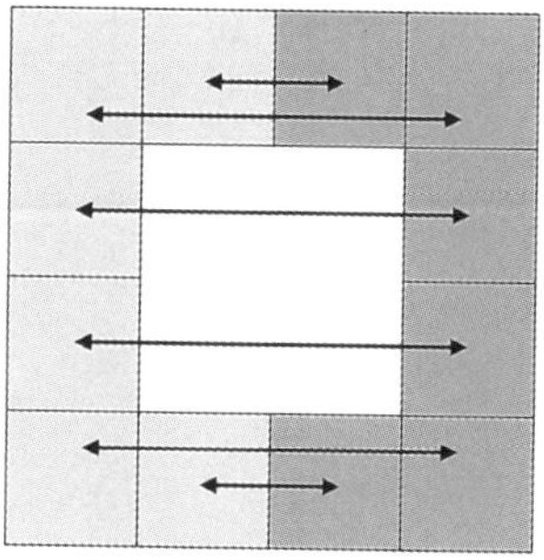

五、盤式邏輯（上）一星三態

廣義來說，任何一顆星，都有「馬敗庫」三種型態。

狹義來說，談的是「十四顆主星」的「馬敗庫」三種型態。

十四顆星，各有三種型態，總共應該要有四十二種變化，但其實只有十八種；原因在「雙星結構」。

雙星結構的產生，是由於「十四主星」中兩個星系的相反方向排列，而產生的重疊關係。

那又與「馬敗庫」有何關聯？

舉例來說，天機星在馬地，一定與太陰星呈現「同宮」或「對宮」關係；天機星在敗地，一定與巨門星呈現「同宮」或「對宮」關係；天機星在庫地，一定與天梁星呈現「同宮」或「對宮」關係。

也就是說，星曜在「馬敗庫」的特性，會因為無法避免的「兩星同宮或對宮」，而出現「馬敗庫」特質重疊的狀況。

因此，一星三態的最佳詮釋：「以雙星來取代馬敗庫作為三態之名，但以馬敗庫來為雙星下註解」。

例如，貪狼的三態為「紫武廉」，紫貪必為敗地，武貪必為庫地，廉貪必為馬地；廉貪是動態貪狼、武貪是靜態貪狼、紫貪是常態貪狼，常態指的是接近原始的貪狼特質。

簡單的陳述就是：「貪狼必定與紫微、武曲、廉貞產生同宮或對宮的羈絆，且必定為馬敗庫三類」。

雙星結構如下：

（3×3）＋（3×5）＝（24）

（3＊3）＝（機陽同＊梁巨陰）

（3＊5）＝（紫武廉＊府相殺破狼）

以下為「雙星結構」示意圖：

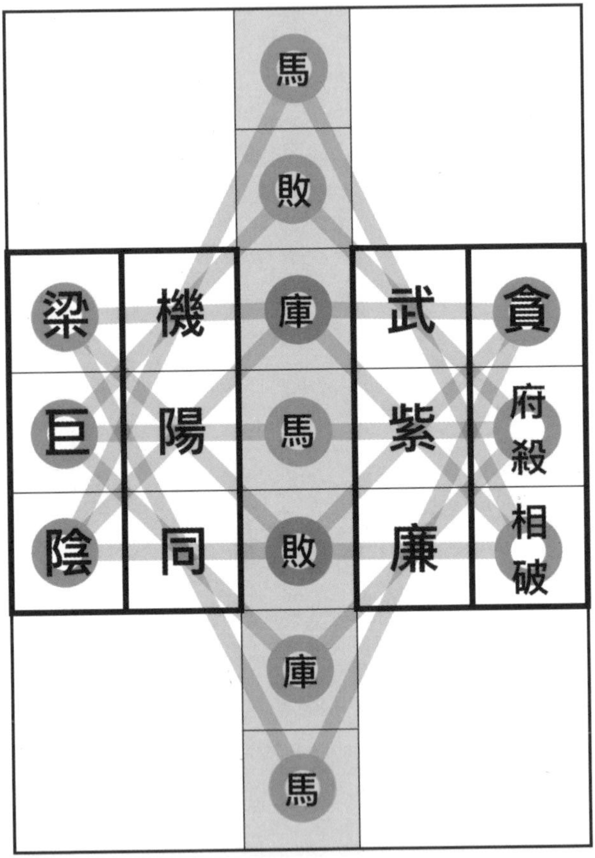

箭頭將「兩星」串一起，射入的宮位即是對應的馬敗庫。

一星三態、雙星結構，在實戰中，較少作為論命談及的內容，屬於「盤式邏輯」，為馬步功夫，能將結構圖印在腦海，對於心算排盤，閉目論命，無往不利。

六、盤式邏輯（中）六道十八路

（紫微星在12地支）＊（命宮在12地支）＝（144命格）

上述是初學紫微斗數所知曉的數字，進階版則以「盤式邏輯」來表示：

（144）＝〔（3×3）＋（3×3）〕×2×2×2

式子後面的三個「2」，便稱為「六道」，前面中括弧內的「9＋9」，便稱為「十八路」，以上合稱「六道十八路」。

十八路：「雙星結構」

「十八路」其實就是上一個章節的「雙星結構」。

原本的雙星結構有「24種」組合，但「府殺」併為一態，「相破」併為一態，因此變化數轉為：（3＊3）＋（3＊3）

「府殺」與「相破」之所以併為一態，是由於「天府與七殺」永遠是對宮關係，「天相與破軍」永遠是對宮關係，這樣等於讓馬敗庫的特性多重疊計算了一次，故同態而併。

「雙星結構」，不等於「雙星同宮」；「雙星結構」的定義是：當此兩星有可能「對宮相望」或「同宮而居」就是「雙星結構」。

六道（上）：「悲歡離合」

當命宮「雙星同宮」或遷移宮「雙星同宮」時稱為「合道」；當命宮與遷移宮「各執一星」時，稱為「離道」。（七殺、破軍等兩星不列入雙星結構中）

當命宮為「離道」時，宮內含有「紫、武、廉、機、陽、同」這六星之一，又稱為「歡離道」。

當命宮為「離道」時，宮內含有「府、相、貪、梁、巨、陰」這六星之一，又稱為「悲離道」。

當命宮為「合道」，宮內含有「紫府、紫貪、紫相、武府、武貪、武相、廉府、廉相、廉貪、機梁、機巨、機陰、陽梁、巨日、日月、梁同、同巨、同陰」等十八組雙星同宮之一時，又稱為「歡合道」。

當命宮為「空宮無主星」、「七殺獨坐」、「破軍獨坐」等三種之一時，又稱為「悲合道」。

六道（下）：「雌雄」

根據易經，八卦分雌雄，以「先天八卦配對十二地支」便可得出宮位的雌雄之別：「寅、午、戌、丑、酉、亥」這六宮為「雄道」；「申、子、辰、卯、巳、未」這六宮為「雌道」。

「雌道、雄道」分布示意圖（上圖）；「六道十八路」示意圖（下圖）：任何一宮皆為「八型」之一。

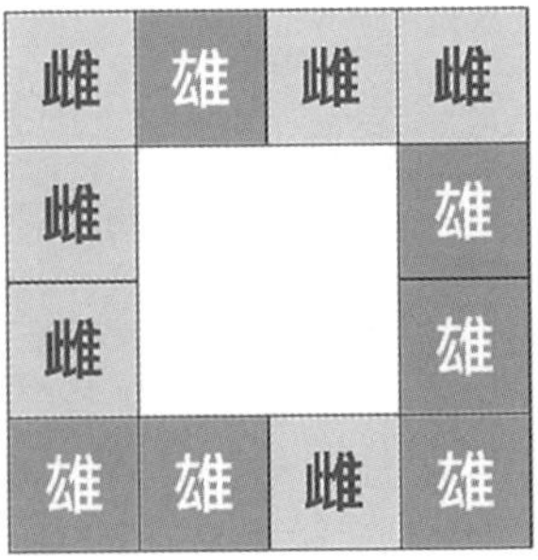

型	A+	A-	O+	O-	B-	B+	AB+	AB-
六道	雄歡離	雌歡離	雄悲合	雌悲合	雌悲離	雄悲離	雄歡合	雌歡合
宮內組成	獨坐紫武廉機陽同	獨坐紫武廉機陽同	空宮、獨坐殺破	空宮、獨坐殺破	獨坐貪府相梁巨陰	獨坐貪府相梁巨陰	雙星不含殺破	雙星不含殺破

七、盤式邏輯（下）柰羅

佛家說：「到彼岸 पारमिता」。船舟則象徵方法。

「柰」（音同「來」）意指小船的舵木，「羅」為星斗，「柰羅」意指過渡星河的法理，即是「格局」之章。

單位「一打」為12數，象徵12地支，又象徵12時辰。

又12打共144數，稱為「一羅」，象徵「12時辰」乘以「命宮12位」。

又12羅共1728數，稱為「大羅」，象徵「12時辰」乘以「命宮12位」乘以「紫微12位」。

又將（大羅）×（年十天干）×（生肖四大局）×（性別）＝八十大羅。

命運的度量衡大抵如此，八十大羅之數，共十三萬八千兩百四十。

（當有12時辰與「命宮位置」，便已決定昌曲左右的位置，故不另計月份）

柰羅八格：

命宮＋財帛宮＋官祿宮（三合）中主星的總集合，必定為八個組合方式，分「梅蘭竹菊」四羅，又以陰陽分「天地」二格，四二得八，故稱柰羅八格。

A	梅羅天格	梅羅地格	蘭羅天格	蘭羅地格	竹羅天格	竹羅地格	菊羅天格	菊羅地格
B	府相紫武廉	府相	機月同梁	陰陽梁	殺破狼	紫武廉殺破狼	巨日	巨機同
C	水火	金木	水火	金木	水火	金木	水火	金木
D	乾	坤	艮	兌	坎	離	震	巽

「紊羅八格」為盤式邏輯中最重要的一環，也是紫微斗數的格局總綱，任何宮位，都必定是以上八格之一。

點出一張命盤的「格局」，必先看「命財官」，以「紊羅八格」做為「正格」，再看同宮的「羊陀火鈴左右昌曲」等八星分布是否呈現「夾、拱、照、坐」其命宮，來作為「奇格」判定。

「天格」與「地格」源自「淨陽淨陰」

只要「命財官」的位置在「水地」或「火地」便稱為「天格」；只要「命財官」的位置在「木地」或「金地」，都稱為「地格」。

其原理源自「淨陽淨陰」，為風水核心學理之一，為「先天八卦＋後天洛書」而來，與斗數飛星四化的源頭完全相同，「紊羅」與「飛星」為斗數雙絕學，飛星在後面章節會談及。

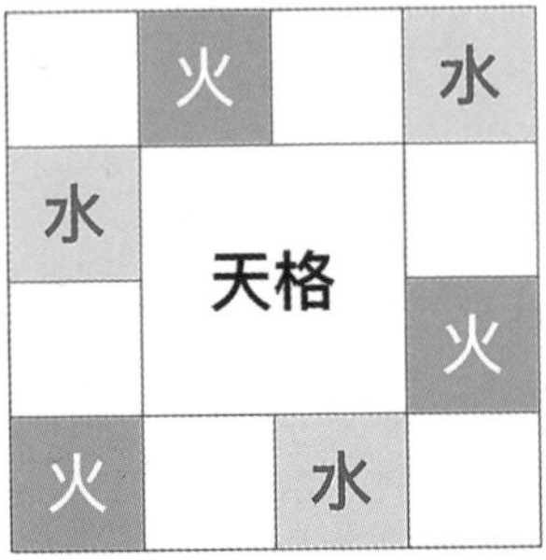

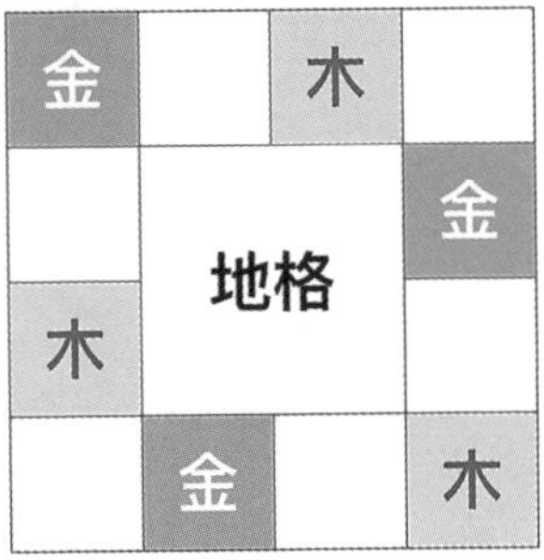

四羅之一：梅羅

天府、天相，這兩顆星為「梅君之格」，象徵著寒冬盛放，其品為「傲」，凡見此兩星所在的十年大限，即是「梅羅三限」，象徵考運興旺、升遷順利、面試過關，有寒窗顯貴的特性。

當「命財官」三宮，見「紫微、武曲、廉貞、天府、天相」等五星匯聚時，稱「梅羅天格」。

「梅羅天格」為易經八卦中的「乾卦」，康健之格。

當「命財官」三宮，僅見「天府、天相」等二星匯聚時，稱「梅羅地格」。

「梅羅地格」為易經八卦中的「坤卦」，守安之格。

四羅之二：蘭羅

天梁、太陰，這兩顆星為「蘭君之格」，象徵著清秀雅淡，其品為「幽」，凡見此兩星所在的十年大限，即是「蘭羅三限」，象徵人際興旺、愛情運加分，有改變體態心態的特性。

當「命財官」三宮，見「天梁、太陰、天機、天同」等四星匯聚時，稱「蘭羅天格」。

「蘭羅天格」為易經八卦中的「艮卦」，隱仕之格。

當「命財官」三宮，見「天梁、太陰、太陽」等三星匯聚時，稱「蘭羅地格」。

「蘭羅地格」為易經八卦中的「兌卦」，外放之格。

四羅之三：竹羅

七殺、破軍、貪狼，這三顆星為「竹君之格」，象徵著直爽上進，其品為「澹」，凡見此三星所在的十年大限，即是「竹羅三限」，象徵革新改變、開創局面、勇往直前，有商賈進取的特性。

當「命財官」三宮，僅見「七殺、破軍、貪狼」等三星匯聚時，稱「竹羅天格」。

「竹羅天格」為易經八卦中的「坎卦」，冒險之格。

當「命財官」三宮，見「七殺、破軍、貪狼、紫微、武曲、廉貞」等六星匯聚時，稱「竹羅地格」。

「竹羅地格」為易經八卦中的「離卦」，籌算之格。

四羅之四：菊羅

巨門，這一顆星為「菊君之格」，象徵著苦中作樂，其品為「逸」，凡見此星所在的十年大限，即是「菊羅三限」，象徵韜光養晦、先蹲後跳、未雨綢繆，有守株待兔的特性。

當「命財官」三宮，見「巨門、太陽」等二星匯聚時，稱「菊羅天格」。

「菊羅天格」為易經八卦中的「震卦」，風馳電掣之格。

當「命財官」三宮，見「巨門、天機、天同」等三星匯聚時，稱「菊羅地格」。

「菊羅地格」為易經八卦中的「巽卦」，厚積薄發之格。

⿱大木羅大卦

一四四個總格局數中，有六十四個格局為「實」，其餘為「虛」，這六十四個格局，亦為六十四卦，可依從「焦氏易林」中的讖詩，來預言命運的走向，礙於篇幅，僅此簡介。

八、星曜之屬性特質皆來自「八宗門」

星曜本身的特性，若尋其根源，不離其八個宗門，分別為：斗門、化門、主門、藏門、卦門、系門、格門、群門。

這些宗門堆疊出星曜本體的特性，在之後章節「星曜關鍵字」中，會獨自針對各個星曜去點破，因此在這個小節，會以宗門為出發點去探討其意義，便不做星曜詳解。

宗門之首：斗門

為宗門之首，亦為「紫微斗數」之名的由來，斗即「中南北」等三斗，數即排序。

「斗之數」簡列於此：

中天四星——

斗父太陽、斗母太陰、天皇七殺、星主紫微。

北斗七星——

北斗一貪狼、北斗二巨門、北斗三祿存、北斗四文曲、北斗五廉貞、北斗六武曲、北斗七破軍。

南斗六星——

南斗一天府、南斗二天相、南斗三天梁、南斗四天同、南斗五文昌、南斗六天機。

「斗之數」，就是「星官職等」，透過星官職等，可以明白星曜的強弱之別，這部分比「廟旺利平陷」來得要緊與實際，為紫微斗數星曜強弱判定的基石。

星曜之首為太陽、太陰，是為「斗父、斗母」，而生九子，長子為七殺，次子為紫微；七殺獨立，有武神之稱，離邦稱霸，紫微則繼而領導其下七子：貪狼、巨門、祿存、文曲、廉貞、武曲、破軍。宮廷則有六官，天府、天相、天梁、天同、文昌、天機。

此為斗數最初的發明，出於「紫微六經」；在書後有節錄部分唐宋所傳之「紫微六經」。

以此為例，太陽與太陰猶如公司的董事，執行長為紫微，駐外經理為七殺，公司底下分行政部門與業務部門，南斗六星為行政，北斗七星為業務。

因此十四顆主星，分「七強、七弱」，七強為「太陽、太陰、七殺、紫微、貪狼、天府、天梁」，七弱為「巨門、廉貞、武曲、破軍、天相、天同、天機」。

「斗之數」有陰有陽，一三五七者為領導（主官），二四六為副手（侍郎），舉例來說：貪狼（北一）為首，巨門（北二）為貪狼之侍郎；天府（南一）為首，天相（南二）為天府之侍郎；因此天梁（南三）為繼貪狼、天府之後最大的主官，故為七強之一。

「斗之數」也是排盤安星訣的理論基礎，從以下兩張圖即可知曉，在不計祿存、文昌、文曲三星的前提，南北斗共十星的

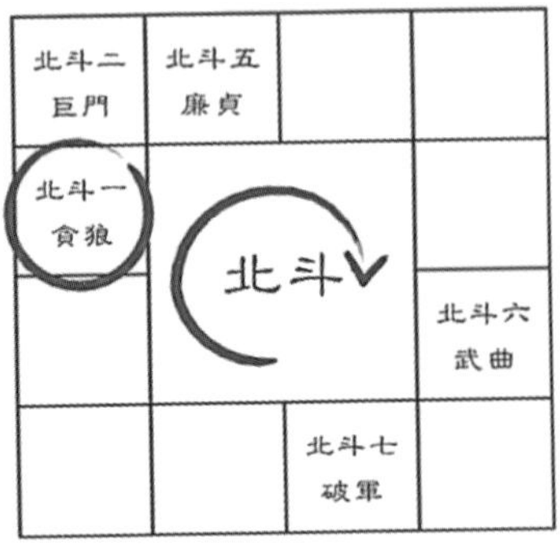

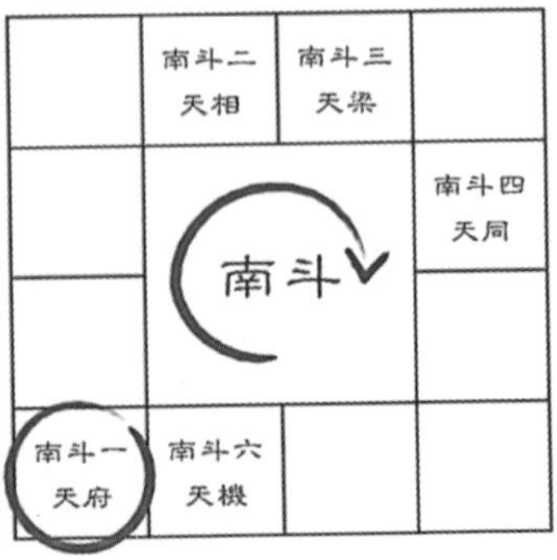

「安星起點」皆是順時針排於12宮，至於「安星起點」的由來，與每一顆星曜背後的故事有關，在第四章「星曜關鍵字」會再詳述。

宗門之變：化門

化門主要是講星曜化氣，也是斗數星性傳統論斷的基本。

紫微化尊、天機化善、太陽化貴、武曲化財、

天同化福、廉貞化囚、七殺化權、天梁化蔭、

巨門化暗、貪狼化喜、太陰化富、破軍化耗、

天府化令、天相化印、擎羊化刑、陀羅化忌、

火鈴化暴、文昌化魁。

過去的紫微斗數論命，多倚靠明代《紫微斗數全書》的記載，來了解星曜的特性，但五百年過去，時代觀念差異之大，已多不適用，在第四章「星曜關鍵字」會再詳述。

明代中《續道藏》所記載的紫微斗數三篇，其星曜名稱與演算法都與目前的〈紫微斗數〉不同，非常簡陋，但星曜名稱卻是與上述的化氣雷同，可推論兩種可能：其一，為了藏私，斗數被竄改後讓官府收進《續道藏》；其二，為〈紫微斗數〉的前身；而與〈續道藏紫微斗數〉一樣和現行〈紫微斗數〉相似的推命術還有〈太乙人道命法〉、〈地星會源〉。

宗門之承：主門

主門主要是講星曜的主宮，也就是關於星曜的喜忌宮位。

而主門又分其二類，舊論以「喜忌」為判斷，稱為「主宮」；新論以「星宮同源」為判斷，稱為「宮主」。

「舊論主宮」將喜忌分屬兩類：財官性質的宮位、六親性質的宮位。整理如下：

宜財官性質的宮位：紫微、太陽、武曲、廉貞、天府、貪狼、天相、左輔、右弼、文曲、文昌、祿存。

宜六親性質的宮位：天機、天同、太陰、巨門、天梁。

上述僅是整理明代〈紫微斗數全書〉中的資料，其時代觀念差異之大，已多不適用。

新論則利用「星宮同源」的原理，當紫微在寅宮時，十二宮必皆有主星，再以「紫微星」之坐宮當作命宮，其餘主星會繼承其坐宮之「性質」。

新論的宮主不探討喜忌，而是將宮位的性質賦予在星曜上，讓星曜多一些特徵：

①紫微、天府為命宮主，象徵自己，當落入到任何一宮，都代表對那一個宮位視如己出。

②天機為兄弟宮主，象徵手足，當天機落入任何一個宮位，表示其宮位有競爭與緊張的現象。

③破軍為夫妻宮主，象徵配偶，當破軍落入任何一個宮位，表示其宮位有著羈絆的現象。

④太陽為子女宮主，象徵親愛，當太陽落入任何一個宮位，表示其宮位有被寵愛的現象。

⑤武曲為財帛宮主，象徵品味，當武曲落入任何一個宮位，表示其宮位有格調有型的現象。

⑥天同為疾厄宮主，象徵長生，當天同落入任何一個宮位，表示其宮位有平衡耐久的現象。

⑦七殺為遷移宮主，象徵馬達，當七殺落入任何一個宮位，表示其宮位有萬馬奔騰的現象。

⑧天梁為交友宮主，象徵人緣，當天梁落入任何一個宮位，表示其宮位有眾人之緣的現象。

⑨廉貞、天相為官祿宮主，象徵科名，當廉貞、天相落入任何一個宮位，表示其宮位有斯文氣質的現象。

⑩巨門為田宅宮主，象徵風水，當巨門落入任何一個宮位，表示其宮位有受風水產生巨大影響的現象。

⑪貪狼為福德宮主，象徵奉獻，當貪狼落入任何一個宮位，表示其宮位有盡心盡力的現象。

⑫太陰為父母宮主，象徵貴人，當太陰落入任何一個宮位，表示其宮位有貴人相助的現象。

宗門之遁：藏門

「藏」即藏干納甲，藏干納甲由來已久，前為地支藏干，後為八卦納甲，故合稱為藏干納甲。

地支藏干理論，源自於先秦時代著作《日書》，後成熟於蕭吉所撰之《五行大義》，就目前考古出土記載，可追朔到戰國時期的「天水放馬灘秦簡」，是為戰國秦昭王38年（公元前267年），而八卦納甲則在東漢京房之後始流行。

在〈斗數宣微〉1925年之前，星曜還沒有藏干納甲，僅有單純「五行」，書中強調星曜之五行有其陰陽，但僅提12星，餘皆未載。

筆者整理眼下史料，其星曜之五行歸屬：

書名	《全書》		《全集》			《斗數秘抄》			《斗數宣微》
頁面	諸星問答論	論諸星分屬	斗圖	星垣論	諸星所屬	斗圖	圖後	星屬	雜論四
紫微	土	土	土	土	土	土	土	土	己
天機	木	木	木	木	木	木	木	木	乙
太陽	火	火	火	火	火	火	火	火	丙
武曲	金	金	金	金	金	金	金	金	辛
天同	水	水	水	水	水	水	水	水	壬
廉貞	木	火	火	火	火	火	火	火	丁
天府	土	土	土	土	土	土	土	土	戊
太陰	水	水	水	水	水	水	水	水	癸
貪狼	木水	木水	木	木水	木	木火	木金	木	甲
巨門	水金	水	水	水金	土	土	土水金	土	*
天相	水	水	水	水	水	水	水	水	*
天梁	土	土	土	土	土	土	土	土	戊
七殺	火金	火金	金	金	金	金	金	金	庚
破軍	水	水	水	水	水	水	水	水	癸
左輔	土	土	土	土	土	土	土	土	*
右弼	水	土	水	水	水	水	水	水	*
文昌	*	金	金	金	金	金	金	金	*
文曲	水	水	水	水	水	水	水	水	*
祿存	*	土	土	土	土	土	土	土	*
擎羊	火金	金	金	火金	金	火金	火金	金	*
陀羅	火金	金	*	火金	火	金火	火	火	*
火星	*	火	火	*	火	火	火	火	*
鈴星	*	火	火	*	火	火	火	火	*
化祿	*	土	土	*	*	土	土	*	*
化權	*	木	木	木	*	水	水	*	*
化科	*	水	水	水	*	水	水	*	*
化忌	*	水	水	水	*	水	水	*	*

宗門之源：卦門、系門、格門

宋代周敦頤依八卦乾坤陰陽而畫出太極圖，〈太極圖〉的陰陽定則與〈紫微斗數〉的安星法則，如出一轍。

就如《易經》中記載，「乾艮坎震」四個卦為男，「坤兌離巽」四個卦為女，而將〈先天八卦〉圖以男女的方式來呈現便會像下圖這樣：

紫微斗數中十四顆主星，除天府、天相之外，餘下的十二顆星，其排盤的安星訣，有分順時針排列的「紫廉同武陽機」六星，與逆時針排列的「殺梁巨貪陰破」六星，其順逆之差別，與圖中最後的男女分布，完全一致，此順逆之差別，便是「系門」，「紫微順系」與「七殺逆系」。

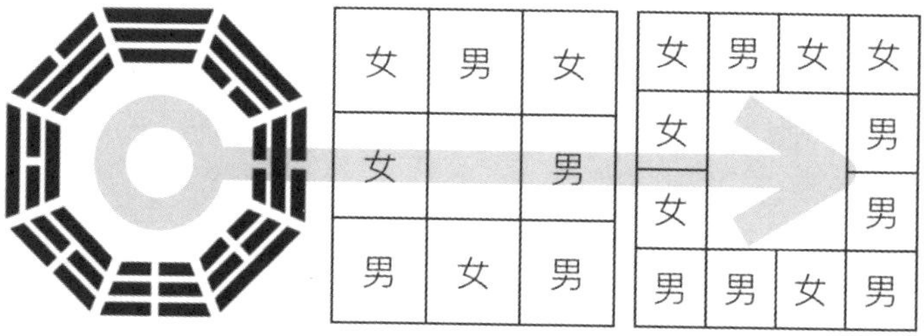

當一邊順行，一邊逆行，自然就會有「雙星同宮」或「空宮」的情形，也就形成諸多種格局，有如天干地支，奇數次序自成一組，偶數次序自成一組，這便是「格門」。

「武紫廉貪府相破殺」為一組，裡頭的星曜皆有三合或同宮的可能性，其中星官職等最高的兩顆星，為「紫微、七殺」，為長子次子，因此稱為「後天格」。

「機陽同梁巨陰」為一組，裡頭的星曜皆有三合或同宮的可能性，其中星官職等最高的兩顆星，為「太陽、太陰」，為斗父斗母，故此組稱為「先天格」。

「卦系格」三門，總示意圖：

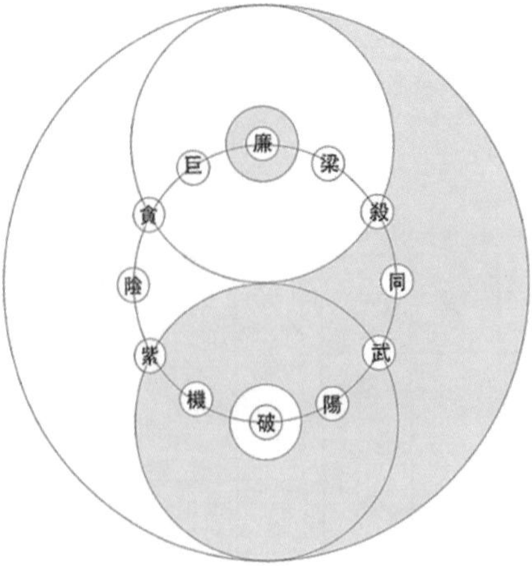

星曜象徵的性別

關於星曜的性別，傳統的說法是南斗為男、北斗為女；但這不完全正確，如果根據易經中的八卦對應男女性別來說，反而「紫微順系」主男、「七殺逆系」主女。

若綜合從上面的兩種歸類法，可歸類出：

①男性：天機、太陽、天同

②女性：太陰、貪狼、巨門、破軍

③外男內女：紫微、武曲、廉貞

④外女內男：天府、天相、天梁、七殺

星曜於「卦門、系門、格門」的分屬

十四顆主星之三門分屬圖：

星名	紫微	天機	太陽	武曲	天同	廉貞	天府	太陰	貪狼	巨門	天相	天梁	七殺	破軍
卦	男	男	男	男	男	男	男	女	女	女	男	女	女	女
系	順	順	順	順	順	順	逆	逆	逆	逆	逆	逆	逆	逆
格	後	先	先	後	先	後	後	先	後	先	後	先	後	後

宗門之流：群門

物以類聚，人以群分，在明代《紫微斗數全書》中有講到星曜的個性，例如對天機的描述為「性急心慈、機謀多變」，但多數星曜描述有雷同之處，可概分為四類：

①老成耿直

紫微、天同、太陽、天相、祿存、化祿

②性急多變

天機、貪狼、七殺、文曲、擎羊、鈴星、化忌

③性剛寡合

武曲、廉貞、巨門、破軍、陀羅、火星、化權

④溫和清秀

天府、太陰、天梁、文昌、左輔、右弼、化科

宗門後記：「廟旺利平陷」之心得

「廟旺利平陷」為星曜在十二地支上的亮度高低，但由於已證明星曜的本體為「卦理虛星」而借名「天文實星」，加上實戰經驗佐證，筆者現已不用此論法，但其過往心得亦分享。

①根據安星訣的規則，14顆主星都是同一個公式的結果，也因此會有一個基礎盤式：

紫微星，當坐在「酉」、「午」、「申」這三個宮位，其紫微以外的13顆主星大都「廟旺」。

紫微星，當坐在「亥」、「子」、「丑」這三個宮位，其紫微以外的13顆主星大都「失陷」。

得一星得天下，失一星失天下。

②廉貪巳亥、廉破卯酉、同巨丑未、梁同巳亥、天相卯酉、同陰居午、天機丑未，以上為排除日月二星與其他輔曜，得出的七個陷格。

但在現代統計，命盤為這七格的達官顯貴亦不缺乏，不合時代趨勢之故，皆是過時之論。

③廟陷之訣對應的是格局的有無，而有好格局並不代表好，以「府相朝垣」為例，明代《全書》中稱「食祿千鍾」，是一個好格，但實際上每八個人便有一人「府相朝垣」。

④昌曲為出生時辰所定，因此可進一步推論，出生時辰為「子寅辰午申戌」時，文昌或文曲必有一星失陷；昌曲喜金鄉，不喜火鄉。

⑤只有25星有「廟旺利平陷」。

⑥擎羊、陀羅，有一星廟旺，另一星必失陷，沒有同時之可能；祿存喜馬不喜敗，擎羊喜庫不喜敗，陀羅喜庫不喜馬。

⑦火鈴不喜水鄉，喜火鄉。

⑧太陽與太陰都會隨著宮位代表的時辰來決定廟旺失陷。

⑨四化星本身也有「廟旺利平陷」。

⑩紫微星在每個地支的出現機率：子4.7%、丑8.1%、寅10.2%、卯10.2%、辰11.2%、巳10.2%、午10.5%、未8.5%、申7.4%、酉6.8%、戌6.1%、亥6.1%

參、宮位之實戰應用「方城」式

基本十二宮：命、兄弟、夫妻、子女、財帛、疾厄、遷移、友僕、官祿、田宅、福德、父母。

「方城」為「宮位方程組合」的簡稱。

關於「宮位方程組合」的定義，筆者試著用最簡單的方式來解釋，如下：

人的一生，會觸發很多事件，但基本宮位只有十二個；只用十二個宮位去解釋森羅萬象，非常荒謬；但只要將十二個宮位互相組合起來，就有「4095種」變化，便足以對應生活事件。

例如買賣與持有房地產，與此相關的問題最難分析，例如名下有房子但卻父母在繳貸款，或獨自繳貸款但掛在配偶名下，或自己名下也自己繳貸款卻把房子出租給人。

上述的難題，光「是否持有」、「是否出錢」、「是否自用」等三個問題各有兩種答案，這樣，每一間房子就有八種變化，兩間就有六十四種變化。

單純一個「田宅宮」，並無法處理這個問題。

因此若多加一些宮位進來，便能抓到夠多細節，例如：

①田宅宮，看是否常搬家，如果不穩定，多半租屋。

②財帛宮，看有無負擔債務，四化有無與田宅宮的連結。

③父母宮，看是否有庇蔭，感情是否安好。

④官祿、遷移宮，看收入穩不穩定，夠否承受債務。

以上共用了「五個宮位」去處理一個問題，才能得出一個確切的定論。

將問題分給多個宮位來運算，才能解決較為複雜的難題；而對於「常見問題」，會有「常使用的宮位組合」，便能記錄下來，作為「一個方城」，就像下棋，開局有固定的棋步，便稱為定石，用紫微斗數來推算命運，特定問題對應特定宮位組合，筆者便將之稱為「方城」。

一言以蔽之：「打破宮與宮之間的牆」。

十二宮示意圖：

田	官	友	遷
福	簡稱		疾
父			財
命	兄	夫	子

田宅宮	官祿宮	友僕宮	遷移宮
福德宮	全稱		疾厄宮
父母宮			財帛宮
命宮	兄弟宮	夫妻宮	子女宮

「方城」共有「4095組」，但基本上不會用到「4095組」這麼多，常用的幾個「組型」會在這一章節都講完，關於「方城」的總數量公式如下：

$$\sum_{i=1}^{12} C_i^{12}$$

關鍵性的「方城組」，筆者會列出幾個，並以獨立的章節來介紹，也順道將「宮位基本性質」解說一番。

一、宮位起源「淨陽方城、淨陰方城」

十二宮，命宮的次序為「1」，兄弟宮的次序為「2」，逆時針排序，奇數為陽，偶數為陰。

「奇陽偶陰」的原理出自《易經》〈繫辭〉：「陽卦多陰，陰卦多陽，其故何也？陽卦奇，陰卦偶。其德行何也？陽一君而二民，君子之道也。陰二君而一民，小人之道也。」

因此，陽宮有：命宮、遷移宮、官祿宮、福德宮、財帛宮、夫妻宮。

「淨陽方城、淨陰方城」圖示：

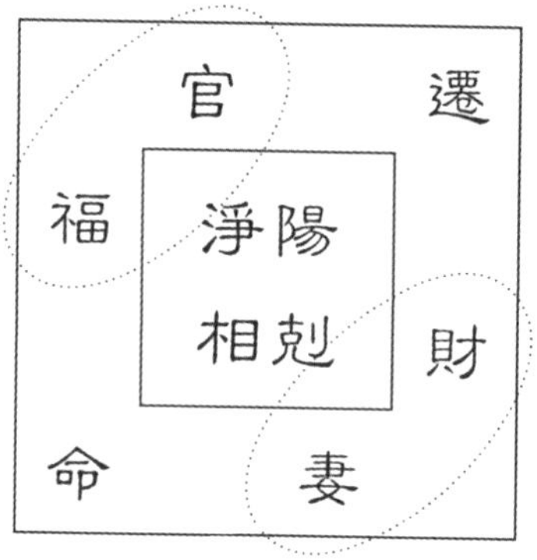

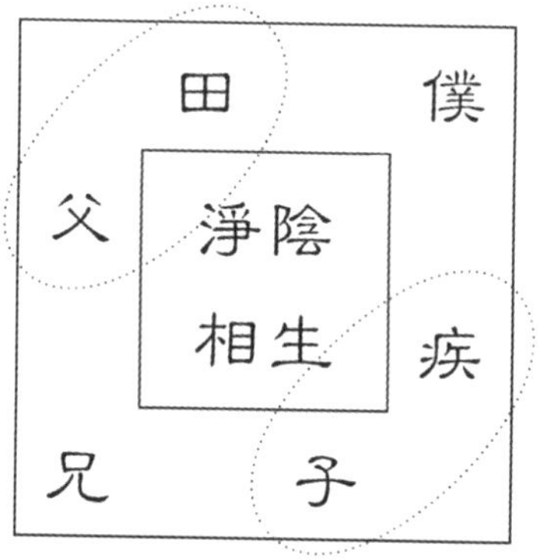

六個陽宮的排序原理，出自於〈十神〉：「剋我者官鬼，我剋者為妻財」，又相合（三合）者為「正」，非合者為「偏」，例如：「官鬼」中的「官」為「正」，「鬼」為「偏」，「妻財」中的「財」為「正」，「妻」為「偏」。

鬼，指鬼神，為福德宮的意思。

「剋」並不代表凶險，反而象徵鍛鍊與成材，如：「火煉金、金伐木、木抓土、土擋水」，這也表現於宮位關係上，「官祿＋福德」這兩個宮位都有「修煉自己」的意涵，如：「職場＋道場」，都能修正生活的方向。

「財帛＋夫妻」這兩個宮位都有「需要治理」的意涵，如：「陪伴＋理財」，放著不理會都容易變質。

遷移宮，為「沖剋」關係，就如前面章節所提及，「沖」有互補之意，命宮為「靜」，遷移宮為「動」。

陰宮則有：兄弟宮、子女宮、疾厄宮、父母宮、田宅宮、友僕宮。

六個陰宮的排序原理，出自於〈十神〉：「生我者父母，我生者為子孫」，又相合（三合）者為「私」，非合者為「公」，例如：「生我者」中的「私」為「田宅」，「公」為「父母」，「我生者」中的「私」為「疾厄」，「公」為「子女」。

依「淨陽淨陰」的原理，「陽宮」的相合為「正」，非合為「偏」；「陰宮」的相合為「私」，非合為「公」。

「生」象徵奉獻與互助，如：「水木互養、木火燃燒」，這也表現於宮位關係上，「父母＋田宅」這兩個宮位都有「生養自己」的意涵，如：「與父母同住」不只是奉獻還是互助。

「子女＋疾厄」這兩個宮位都有「需要給予財富與時間」的意涵，如：「健身、養生、健保、教育、吃穿」。

「兄弟宮」亦為陰宮，但非「生剋」，而是出自於〈十神〉：「比肩者兄弟」，與命宮相鄰者為「兄弟」，而與「兄弟宮」沖剋者，為「友僕宮」，原理出自於「親疏方城」。

二、人類世界運作的基本單位「愛情方城」

（命宮第一）

自己的個性，造就了選擇，因此一段愛情才開始，便已知道最後會走到怎樣的結果。

愛情的一切都是從陌生開始邂逅的，從最初的開始，是離自己最遠的人際宮位，為桃花。（友僕宮第一）

現代愛情的開放性，結婚前便有性關係，甚至，有些人將性與愛分的很乾淨。（子女宮第二）

只有走入彼此的生活圈，才是考驗真正的開始，真實情緒，真實面貌，靈魂與靈魂間的碰撞。（福德宮第四）

沒有未經歷「誤解、爭執」的愛情，尤其是當決定廝守終生時，將情人帶回家見父母的時刻。（兄弟宮第五）

開始籌備婚禮，也是攜手面對未來，必須共同作大大小小的決定，最艱難的關卡，也是愛情的成果展。（夫妻宮第六）

「愛情方城」軌跡示意圖：

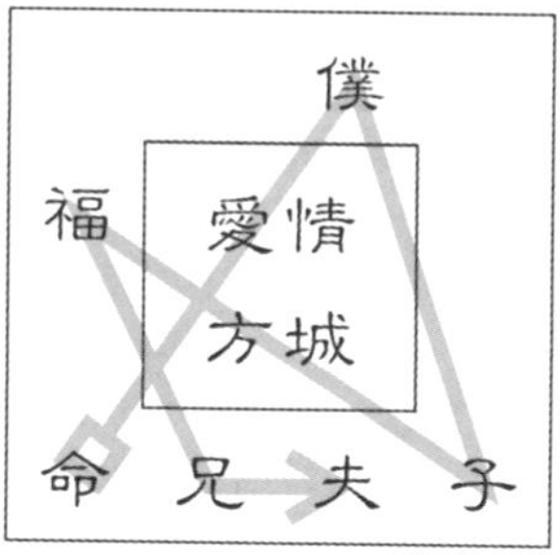

「命宮」重點提要

命宮代表一個人的「性格」原型，在十年行運中受大限命宮影響，會有些個性轉變；

「性格」影響一個人的「決策」，而一連串的「選擇」，其軌跡構成了「命運」。

命宮裡面的星曜，可能「多星同宮」，或「空宮無主星」。

當有「多星同宮」的局面時，依據「星官職等」的高低，大星為主，次星為輔。

轉速快的星曜則主急躁，轉速慢的星曜則主溫吞[1]；「文曜」主圓融而多情，「武曜」主直率而簡單。

當「空宮無主星」時，則依大限命宮為主；若大限命宮也是空宮時，則看上一個大限命宮，若又是空宮，就看上上大限的命宮。

上述的原理，「性格」具有隨時間淺移默化的性質，大限命宮為重要的宮位，由於命宮也是「第一大限」的位置，若命宮是空、第一大限必定也是空，則去找與大限相反方向的宮位。

例如：當「命宮為第一大限，兄弟宮為第二大限」時，此時命宮若為空宮，「第一大限」的個性受「父母宮」影響；如果這時候父母宮又是空宮，就繼續往前找，如福德宮。

---

1 之後章節會有關於「星曜轉速」的描述。

宮位只要沒有27星之一，就是空宮，反之，只要有任何一顆27星之一，就不是空宮。[2]

當宮內，有星曜性格衝突，會形成「凶險」的處境，放諸十二宮位皆準，無需看「廟旺利平陷」。

星曜衝突，如拔河般，勝的一方其星性突出，敗的一方變成隱性，形成心裡的聲音。

星曜衝突的局面是靈活的，可以透過修煉心性，來解決問題；對比起來，「廟旺利平陷」是死板的，不能變通的吉凶觀，反倒是一種枷鎖。

如果星官職等不高的星，但有「化虛為實」[3]的四化反應，視為反客為主，應當作為性格優先解釋的星曜。

---

[2] 之後章節會有關於「廿七星」的描述。

[3] 之後章節會有關於「化虛為實」的描述。

化祿、化權，會增強星曜的轉速；化科、化忌，會降低星曜的轉速；無論快慢，都會賦予連結的星曜「顯性表現」。

「友僕宮」重點提要

能給你真正忠告的才是朋友。

何謂真正的忠告？若朋友是愛你的，忠告中自然帶和氣，聽而不逆耳。忠告你的人，若言辭帶著貶義，又有著幾分怒氣，這不是能令人聽得進去的忠告，作為朋友已失義。

還有一種，是在朋友面前數落，或指責另一個人的不是，當把他人的隱私或錯誤作為籌碼進而互換，此類指責絕非忠告，更非良善。

以上的論述，為王陽明在〈教條示龍場諸生〉提到：「朋友之道，然須忠告而善道之。悉其忠愛，致其婉曲，使彼聞之而可從，繹之而可改，有所感而無所怒，乃為善耳。若先暴白其過惡，痛毀極底，使無所容，彼將發其愧恥憤恨之心，雖慾降以相從，而勢有所不能，是激之而使為惡矣。故凡訐人之短，攻發人之陰私，以沽直者，皆不可以言責善。」

因此，具備「和氣」與「端正」，為友僕宮最需要的星曜，有「太陽星、武曲星、天同星、廉貞星、天府星、祿存星、化科星」。

友僕宮，也象徵「寵物」、「情人」，較不適合「擎羊、陀羅、火星、鈴星」，容易造成口角，衝突。

常言道：「近朱者赤，近墨者黑。」這就是原因，友僕宮看似不太要緊的位置，但卻非常看重星曜的端正性。

友僕宮也象徵日常有接觸的服務人員，例如：剪頭髮的設計師、車子保養的技師、社區管理員等；也是以「端正」為先。

通常越是熟絡的朋友，越不能以「友僕宮」來論，而是應該以命盤對命盤，來合盤比較準確；這是由於友僕宮是較為廣義的宮位，非指深交。

「子女宮」重點提要

在夫妻宮會提到，無法從命盤窺視他人的命運，子女宮也是一樣，無法知道子女的成就、學業、健康、發展，兒孫自有兒孫福，想知道更詳細的情形，必須要看子女本身的命盤才行。

子女的數量、性別，必須合參夫妻兩人的命盤才能確定，只有單個人的盤，準度只有六七成。

關於數量，在明代古書中雖有提及，但古今觀念差異很大，現代人大多知道避孕，而不孕的情況也可以透過醫學方法來改善，因此需要修正舊的論斷方法。

在新的論法上，子女宮象徵著「對於想要孩子的意願高低」，關於這部分，筆者將古書中的數量，轉為「意願量表」，可以將子女宮中的星曜，算出平均的星星數。

如果得出來的星星數量非常低，就不單純是意願問題，或許有體質上也需要調整的地方。

子女宮也象徵「親子關係」，有些星曜比較溺愛孩子，如太陰、天梁，有些比較嚴格，如天機，關於星曜的特質可以參照後面章節「星曜關鍵字」。

轉速高的星曜，會令親子關係比較緊張；而星官職等比較高的星曜在子女宮，會有比較獨立的表現，但也同時較為任性。

子女宮也有性生活、性能力的象徵，也是從「星官職等」與「星曜轉速」來決定特徵。

子女宮星曜之生育力示意圖：

意願程度	星曜
☆☆☆☆☆	天同、天府
☆☆☆☆	太陰、紫微、太陽、文曲
☆☆☆	破軍、左輔、右弼、文昌
☆☆	天機、貪狼、巨門、天相、天梁
☆	武曲、廉貞、七殺
★	擎羊、陀羅、祿存、火星、鈴星

「福德宮」重點提要

福德宮泛指「祖輩、祖先、祖蔭、祖父、祖母」，為精神面的繼承。

《說文解字注》中對於「福」字，引註了禮記[4]，福原先就有「庇佑」之意，而祖先之祐是由於「祭」而來，而祭之所以能產生福祐，乃是因為「賢」與「備」，賢為「天道酬勤」，備為「豫則立，不豫則廢」，預作準備之意，所謂「人無遠慮，必有近憂」，便是此意。

「福」為奉獻與犧牲，「德」為同理心與幫助他人，福德宮為「人際關係」的核心宮位，看星官職等，大星則較有原則，防衛心較強，小星則較為隨性交往；轉速快的星曜較為孤寡，轉速慢的星曜較為合群。

4《禮記．祭統》：「唯賢者能盡祭之義，賢者之祭也，必受其福，非世所謂福也，福者備也，備者百順之名也，無所不順者之謂備。」

福德宮象徵一個人的「包容力、愛心、耐心」，非常受星曜的孤群影響，群性越強越好，其中文昌星最佳。

「兄弟宮」重點提要

「兄弟宮」同時象徵著「友情」、「親情」、「愛情」。

關於兄弟宮看兄弟姐妹之間的相處，會應用到「過宮法」，這在之後章節「六親方城」會特別解釋。

「兄弟宮」為「命宮」與「夫妻宮」之間的「橋樑」，當「兄弟宮」興旺時，主早婚，不旺則主晚婚，此為「橋宮理論」。

「興旺與否」的判定準則，星官職等高者為強，低者為弱，帶四化之星曜性情則「顯性」，又可依星曜關鍵字做性格論述，轉速高者為衝突、緣淺，轉速低者為羈絆、依賴。

兄弟宮亦為「夫妻宮」之「父母宮」，象徵「公公婆婆」、「岳父岳母」，生活在一起，感受會更強烈。

「親密度」影響宮位本來所應該象徵的「角色」，以「朋友」為例，深交的朋友為「兄弟宮」所管，淺交的朋友為「友僕宮」所管，，這在後面的「親疏方城」會再提及一次。

「夫妻宮」重點提要

斗數命盤能透露的訊息，不能無限上綱，從自己的生辰八字無法窺視他人的命運；對象是父母、夫妻、子女都一樣，舉凡問未來夫妻長相特質、父母健康、子女成就都不會有定論。

如果要知道他人的命運，理應當看他人的命盤，而非在自己的盤上，對他人的命運去揣測。

因此，夫妻宮之正確解讀，在透析「擇偶偏好」，透過其偏好的了解，便能進而去推理另一半的美醜或貧富狀況，但難免會有出入，畢竟「婚姻」不是「一個人能決定」，大抵還是需要些緣分。

在婚姻中感到痛苦，其原因之一，配偶的表現與對待，婚前婚後不一樣，甚至天差地遠，關於這一點，就是其「配偶條件」不如預期，有落差而沮喪。

有些命格天生很會包裝自己，婚前是看不出來的，但透過紫微斗數便能察覺異常，例如：觀察命宮是否有「星曜衝突」。

當夫妻宮本身就存在「星曜衝突」時，「擇偶偏好」也存在「矛盾」，其愛情，又愛又恨的兩人關係，造就「相處折磨苦」。

另一種狀態，因「擇偶偏好」矛盾而「零集合」，不好有對象，造就「求不得苦」，「空宮」同論。

過與不及，都是「星曜衝突」所造成的結果。

「命盤合婚」的方法，可照以下順序：

①可先依〈八字提要〉[5]來看喜忌五行是否相合

②從紫微命盤之「夫妻宮」看兩人的擇偶偏好是否符合

③從紫微命盤「日月昌曲」看兩人婚期有無一致

④從紫微命盤「兄弟宮」看與公婆等相處狀況

⑤從空照圖調出婚後的住家看其風水是否有利婚姻生活

三、成為這個社會的一份子「成就方城」

性格，決定了能接受怎樣的命運。（命宮第一）

在學校接受教育，發掘興趣，受父母師長提攜，受家庭背景的影響。（父母宮第二）

---

[5] 韋千里的著作，將八字命學以 1440 條文的方式呈現，簡單明瞭。

進入職場，在公家機關或私人企業，領穩定的薪水。（官祿宮第三）

為完成夢想而接受冒險，從事仲介、業務工作挑戰更高的收入，甚至創業，自己當老闆。（遷移宮第四）

理財，統籌收入與支出，讓自己生存於社會，有多餘的財富，用來提升生活品質，或用來投資。（財帛宮第五）

買房子，打造自己的家，或投資租人。（田宅宮第六）

「成就方城」軌跡示意圖：

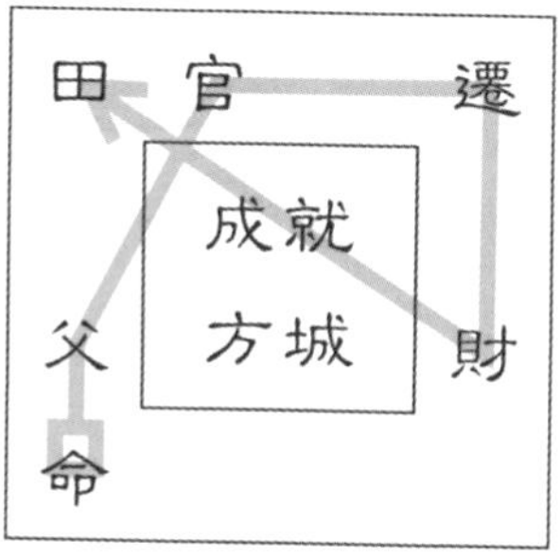

「父母宮」重點提要

父母宮泛指「父母、老師、上司、長官」。

論與父母之間的關係，看星官職等，大星則強勢，小星則親和；轉速快的星曜，象徵「單親家庭」、「與父母分居」，轉速慢的星曜則可能「同居」、「管的比較多」。

基本法則：本命之父母宮＋大限父母宮＝完整論斷。

當父母宮有「貪狼、七殺」等星，雖星官職等高，但由於星性較為剛強，不見得寵溺子女，庇蔭性較少。

命宮，有白手起家之能力的「七殺、破軍、貪狼」等星，其父母宮位置多半星曜不強。

父母宮也象徵師長、學校生活，若有擎羊、陀羅、火星、鈴星、化忌、化權，須留意霸凌事件。

「官祿宮、遷移宮」重點提要

雖然說現在有些排盤工具，會將官祿宮也寫作事業宮；但筆者認為事業一詞有讓人誤會成「創業」的概念，還是得分辨清楚官祿宮的真實意涵。

根據明代古書的記載，官祿宮象徵「升官、考試、讀書」，可以引申為「企業組織中升遷的體系」，總歸來說，象徵固定性收入的工作。

遷移宮象徵浮動的收入，凡是「仲介工作所獲得的佣金、業務所獲得的業績獎金、創業所獲得的利潤」都算在內。

①官祿宮→「正財」固定薪水

②遷移宮→「偏財」佣金、獎金、利潤

③財帛宮→「橫財」投資

官祿宮較為適合「轉速慢的星曜」，與「穩定」的概念相符，若此宮「轉速過快」，會有經常換工作的現象。

遷移宮較為適合「轉速快的星曜」，與「開創」的概念相符，若此宮「轉速過慢」，則也沒有傷害，但對於工作的選擇會比較保守。

關於「創業」，主要有三大角色，資方、技術方、管理方（行銷、仲介、業務），講求的是誠信與合作，成與不成，需要分析每個人的命格。

關於「命格適合的工作、事業方向」，依工作的性質：可分成七類，「文、政、武、商、技、藝、醫」，所有星曜都具有這七種歸類。

要判斷適合的工作方向，首先必須看「命宮」，分析其性格特質；近一步再觀察「遷移宮、官祿宮」，看哪一個宮位比較得勢，所謂的得勢，為轉速正確，星官職等夠強。

最後是去分析，此三宮內，以哪一種性質為集中，便能計算出適合的方向。

「文、政、武、商、技、藝、醫」示意圖：

	文	政	武	商	技	藝	醫
太陽		◎	◎	◎			◎
太陰		◎		◎		◎	◎
七殺			◎	◎	◎		◎
紫微	◎	◎			◎	◎	
貪狼		◎	◎	◎	◎		
天府	◎	◎		◎		◎	
祿存		◎	◎	◎	◎		
天梁	◎	◎		◎		◎	
巨門		◎		◎	◎		◎
天相	◎	◎				◎	◎
廉貞	◎	◎			◎		◎
文昌	◎	◎			◎	◎	
文曲	◎			◎	◎	◎	
天同			◎	◎	◎		◎
破軍			◎		◎	◎	◎
火星			◎	◎		◎	◎
武曲		◎	◎	◎	◎		
天機	◎	◎	◎		◎		
擎羊				◎	◎	◎	◎
陀羅			◎	◎	◎		◎
鈴星		◎		◎	◎		◎
左輔	◎	◎	◎		◎		
右弼	◎	◎	◎	◎			

「財帛宮」重點提要

財帛宮單純象徵「消費能力、消費的CP值」，不見得象徵財運。

凡是樂透、股票、期貨、基金、選擇權等，可定義為金融商品，雖名叫「投資」，但應定義為「消費」的一種，買的是一個希望。

財帛宮裡的星曜，會依據轉速、星官職等，而影響到消費能力，以及消費是否有對應的幸福感、回饋的報酬。

轉速快則花的快，轉速慢則花的慢；星官職等越高，其花費的項目越五花八門，也越有質感。

也因此，財帛宮象徵「生活水平、品味」，尤其品味與昂不昂貴沒有一定的相關性，懂的居家擺設、懂得穿搭，就有貴氣。

財運啟動的條件			
命宮	自信、意志力	遷移宮	仲介、業務、創業
兄弟宮	結婚	友僕宮	寵物、情人
夫妻宮	結婚	官祿宮	工作固定收入
子女宮	生子	田宅宮	孝順、房地產工作
財帛宮	儲蓄	福德宮	宗教
疾厄宮	體力、技術	父母宮	孝順、老闆助手

關於「合夥」，如果不單純出資，也有親力親為的經營，為「遷移宮」管轄；如果純粹出資，為「財帛宮」管轄。

關於「財運」，要抓出「五路財星」的位置，其對應的宮位，啓動後就會獲得財富。

五路財星為：太陽星、太陰星、天府星、貪狼星、七殺星

五路財星坐宮所代表的啓動條件如上頁圖。

關於「收入」，為「官祿宮」、「遷移宮」管轄，「財帛宮」不主收入。

「田宅宮」重點提要

田宅宮為物質層面的繼承，尤其象徵「房地產、居住品質、財富」；財帛宮主消費，田宅宮主資產，前者財出，後者財入。

關於房地產，可以分成三個問題，每個問題各有「是」與「非」，因此任何一處住家也就有8種可能，必須分權至其他宮位來分析：

第一，名下會不會有房子？

答：其「子女宮」非常要緊，任何宮位與對宮，都有動靜關係，田宅宮若象徵不動產，那子女宮則象徵是否擁有房子「變更」的權限，進而引申為名下持有的意思；另一層意涵，子女具有繼承權，因此子女宮也象徵，在過世時，蓋棺論定，會不會有財產留下來給後代，因此而做名下財產解讀；也就是說，田宅宮象徵從父母、長輩那邊繼承的財富，而子女宮象徵到了歲月的盡頭，留下了什麼給後代繼承。

第二，房貸或租金是自己付的嗎？

答：買房子，有時候是掛在他人名下，卻是自己在買單；是否自己名下的問題已在上一則問題有所解答，那錢的部分，又是另一個問題；房貸是債務的一種，歸屬在「財帛宮」管轄，如果財帛宮之三方，有化虛為實的「權星」，則多少都有背負債務的現象，權星數量越多，背的越重，只是論斷困難之處，在於不易區別是否為房貸。

第三，現在住的房子是自己的，還是租的？

答：有自己的房子，不見得就是自己住的地方，有些人會拿房子租人，有些拿來自住，基本上都是從「田宅宮」來論，當有高轉速星曜落入本命田宅宮、大限田宅宮、流年田宅宮，都象徵居無定所、搬遷、裝潢、修繕，如果宮位內的星曜，星官職等較小，則就有很高的機率不是自住；但有大星在田宅宮，也有可能房子是父母的，這時要參看「父母宮」，從是否有與父母同住來進一步確定。

四、覺察自身的存在「身心方城」

命宮主性格，疾厄宮主體格。

福德宮、田宅宮則是相當隱微的兩個宮位。

「福德宮」暗藏的是來自前世的記憶，靈魂的素質，象徵著與這世間的「緣分」，因此福德宮主掌人際關係，包容力、愛心、耐受力等，為佈施、持戒、忍辱、禪定的功夫。

「田宅宮」與「家」密不可分，代表著「休息」之處，亦可引伸為「舒適圈」，也是讓身心能徹底放鬆的位置。

身心方城軌跡，以前世為起點，為「無名、無常、業力」，後為性格、個性，象徵接受這個命運的態度，調和之後的「心靈世界」，會反應於「健康、體魄」之上，最後這一切反映在居住的風水上。

就如筆者常說的：「人如其地；地如其人」。

「身心方城」軌跡示意圖：

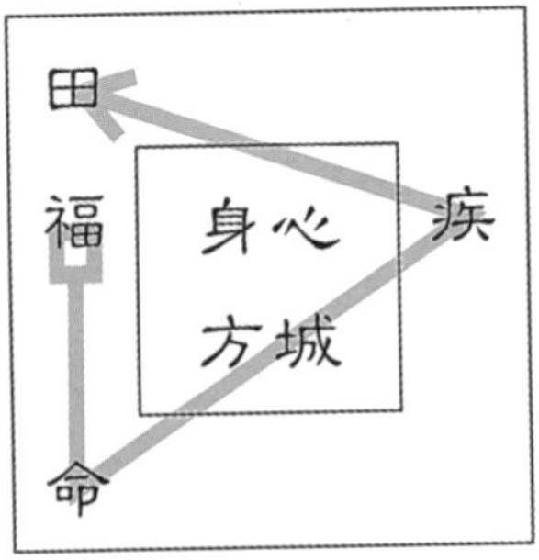

「疾厄宮」重點提要

疾厄宮，主體格、疾病、外災；這三樣，彼此間，又有關聯性。

尤其，因為疾病、外災而影響體格、外型，非常顯著。

14顆主星，主要顯現的是體格、體質；9顆副星與四化，象徵的是疾病與外災。

水星：文曲、右弼、化科、化忌，為腎、膀胱、泌尿等問題，外災主水災、凍傷。

火星：火星、鈴星，為心臟、小腸、心血管等問題，外災主火災、燒燙傷、曬傷。

木星：化權，為肝、膽、胰、神經系統等問題，外災主過敏、昆蟲咬傷、中毒。

土星：祿存、化祿、左輔，為胃、脾、腸道潰瘍、腸道逆流等問題，外災主迷路、山難、土石崩塌。

金星：擎羊、陀羅、文昌，為肺、大腸、筋骨、呼吸道等問題，外災主骨折、刀割、寵物咬傷。

由疾厄宮位飛星出去之化忌星，其連結的星曜，代表健康變數。

至於體格、體質部分，分美醜、大小，依星官職等，星大則大，星小則小，轉速越高越醜，轉速越低越美，只是美醜見仁見智；醜也可以很有型，美可能也只能說是「身材比例」好。

五、宮位歸邊「六親方城、財官方城」

命盤中的十二宮位，剛好可以分成兩邊，其中一邊皆與家人有所關聯，另一邊則與事業、財富等有關聯。

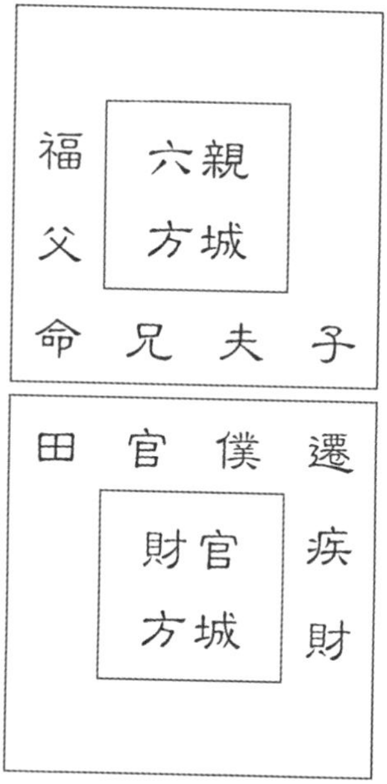

當星官職等較大的星曜集中於其中一邊時，可以稱為「六親型命格」或「財官型命格」。

六親型的命格靠自己要獨當一面會非常辛苦，若能適時接受家人的幫助與合作，較能創造雙贏的局面。

財官型的命格，則容易專注事業與工作，而忽略家庭生活，甚至犧牲結婚成家的可能。

論六親細節之過宮法

坊間流行一種「六親過宮法」，例如，「弟弟的太太的爸爸的兄弟的兒子」，為遷移宮所象徵，為何呢？

弟弟的太太，為「兄弟宮」之「夫妻宮」，也就是「子女宮」所象徵。

弟弟的太太的爸爸，為上述「子女宮」之「父母宮」，又回到「夫妻宮」來象徵。

弟弟的太太的爸爸的兄弟，為上述「夫妻宮」之「兄弟宮」，也就是「子女宮」所象徵。

弟弟的太太的爸爸的兄弟的兒子，為上述「子女宮」之「子女宮」，最後是落在「遷移宮」所象徵。

當對上面的過宮法，弄得一頭霧水時，其實別太擔心，因為這個方法大多失準；不準的原因，在於「親密度差異」。

有「親密度」才有影響力，家人中不外乎，父母、夫妻、子女、兄弟、祖父母；這一些家人，用不到過宮法。

會用到過宮法的地方，而且準確，有三個：

①兄弟宮，主「夫妻」之「父母」，象徵「岳父岳母、公公婆婆」。

②看兄弟間差異。兄弟宮主老大；夫妻宮主老二；子女宮主老三；財帛宮主老四；依此類推，無論性別。

③看子女間差異。子女宮主老大；財帛宮主老二；疾厄宮主老三；遷移宮主老四；依此類推，無論性別。

過宮法最實用的地方，就在「夫妻宮」；當以「夫妻宮」作為「命宮」時，其餘十一個宮位都改以「夫妻宮」為基準來配置宮位，得出來的新十二宮，可投影出配偶的一切。

分析會準確的原因，現代社會講求婚姻平權，夫妻宮的權重變重，自然以「夫妻宮」為出發點的思路顯得重要，尤其過宮得出來的「配偶形象」，也象徵自己的「選擇偏好」。

例如，夫妻宮之財帛宮，為遷移宮的位置，象徵配偶的用財之道；夫妻宮之官祿宮，為福德宮的位置，象徵配偶的工作與收入。

過宮法的起源，為一百年前，從王栽珊開始，最初為「父母、子女」的過宮法，以「父母、子女」為起點，福德宮主祖父，田宅宮主曾祖；財帛宮主長孫，疾厄宮主曾孫。

舊法只看男丁，不論女性，且為大家族型態，又強調門第出身；但隨著時空變化，男女逐漸平權，也多小家庭制，舊法也開始不準確，因此筆者做了一些修正，修正後的實證結果，恢復其準確性，其修正的部分如下：

①只保留福德宮，作為祖先庇佑的總論，不再上論。

②著重於「兄弟宮、子女宮」的過宮法，但不是以輩份排序，而是改以出生序來細論兄弟姐妹差異、子女差異。

③論兄弟姐妹時，自己不算在過宮序列中。

六、距離產生的影響力「親疏方城」

生活圈，依照「親密度」而有遠近輕疏之別。

第一層：本命

命宮，象徵自己，除了自己，還有誰能聽見心裡的聲音。

第二層：父母、兄弟

「夾宮」，指的是「父母宮、兄弟宮」，這兩宮非常重要，父母宮象徵「出生背景」，家中的富裕程度；兄弟宮則象徵「結婚後」，親家的富裕程度，當夾宮興旺時，象徵主要的財富來源為父母或婚姻。

父母宮除了父母之外，也象徵「與父母同輩」而與自己親密度高的親人，例如舅舅、姑姨、伯叔。

兄弟宮也象徵「閨蜜、知己」。

第三層：夫妻、福德

夫妻宮不一定指名義上的夫妻，同居的男女朋友也算數。

福德宮象徵「祖父母、保母」。

第四層：子女、田宅

子女宮除了象徵子女之外，也象徵「朋友」，但親密度次於兄弟宮，例如：同學、異性友人、泛泛之交。

田宅宮象徵「鄰居、居家清潔人員、社區警衛、房東、房客、屋主、同居室友」。

第五層：官祿、財帛

官祿宮象徵「工作上的夥伴」，例如：同事、客戶。

財帛宮象徵「財務往來」，如債務人、債權人。

第六層：友僕、疾厄

疾厄宮象徵「醫生、護理人員、健康相關人員」。

友僕宮象徵「朋友」，但親密度次於子女宮，例如：寵物、曖昧友人、生活圈中服務人員。

第七層：遷移

遷移宮象徵「路人、陌生人、行人」；這一圈為經商，最為關鍵的一環，全人類幾乎都在這一圈了，商機就在這邊。

七、宮位的權重分析「需求方城」

宮位有輕重之別，較不重要的宮位稱為「閑宮」，如下圖，格子中的顏色象徵重要程度，越白越重要，越黑越輕。

「父、疾」二宮最要緊，父母安康，不求富貴人家，只盼無災無債；身體安康，不求體格高美，只要沒有宿疾，長年頑痾。

這兩個宮位，平時沒有特別的作用，但一但犯起毛病，往往一個大坑，輕則與父母間的爭執，或偶感風寒；重則臥病不起，家道中落。

次之為「命、田」二宮，命宮為性格的展現，命運為一連串的選擇所形成的線性進程，由性格所主導的決定，確實影響命運極多，但命運不全然由性格構成，還有風水，一門風水的好壞，輕則影響個人，進則影響一家，重則影響一族；因此田宅宮重要，也象徵著自己在環境上的選擇，心田端莊則境正。

次之為「財、官」二宮，其重要的原因，來自與命宮的三合關係，為造就格局的關鍵，官祿為讀書、考試的重要宮位，財帛宮為生活水平、品味，一者為內涵，一者為外在，都是能提升形象的重要宮位。

次之為「夫、遷」二宮，若「未嫁娶、未創業、只領固定薪水」，則這兩個宮位沒有影響力。

至於會不會是宮位太差，導致沒有發展這兩個位置，這就得強調，不會因為宮位的「好壞」，去影響「要不要」選擇，「選擇」是由命宮影響，終究還是命宮重要。

次之為「子、僕」二宮，「子女」由「夫妻」相愛而來，「友僕」由「遷移」攀緣而來，要啓動有其先備條件，因此更為次之。

最後為「兄、福」二宮，皆是在30歲前一定會碰到的大限命宮，既然有其權重，為何影響力較輕？

這是一個哲學性的問題，試問，年輕時失敗還能東山再起，年老時失敗又如何承受？

另一角度，兄弟宮代表著摯友、閨蜜、手足，但有些人天生獨子、獨行俠，故影響較輕。

福德宮象徵著祖輩、信仰、服從，在安土重遷的農村時代有非常重要的影響力，尤其村落都以廟宇為活動中心，但以現代都市的結構性，轉向為網路社群為風向中心。

福德宮為隱微之宮，前世的記憶、影響、業力，不應執著，應著重當下，用現在的作為，改善過去與未來，故福德宮不重之。

肆、快者勝！「星曜關鍵字」極速論命

現在的紫微斗數命盤之中有 112 顆星曜，這是含四化的數量，但星曜關鍵字只取其中「27 星」。

紫微斗數至少有一千年的歷史，而在過去的九百五十年來，未曾大規模流行過，技術只掌握在少數人的手上，主要的原因在於斗數本身為方程式，其中四大參數「年月日時」皆缺一不可，只要一個參數有誤，整個主星群都會移轉，相較於此，子平八字的演算法雷同於積木堆疊的方式，雖說一樣是取「年月日時」作為演算資料，但參數的本身就是結果，無須多一道方程式的計算，因此在沒有校正生辰的前提下，若以大量數據來說，八字的基礎準度會較高，但以深度而言，斗數的系統較為複雜，看得較為廣泛。

過去的五百年，為了提升紫微斗數的基礎準度，先人前輩們做了一些貢獻，走了一個「不得不」的方向，就是建構了「神煞系統」，但這也是不得已的事情，命理學是建構在「曆法」上發展的學問，但當曆法不夠準確時，只能發展較為籠統的系統，換句話說，只要生辰本身有著明確的天文時間，則紫微斗數便能達到基礎準度，但是就算是廿一世紀的時代，也是因為時區、均時差、合朔等不可逆的方便性曆法，而有了偏差，這也是為何將校正的技術列為學習紫微的首要章節之原因。

神煞系統本身的籠統，可以舉一個直接的例子，神煞系統之一的紅鸞星為家喻戶曉的名星之一，紅鸞星的安星法則是以生肖為基礎，每一個生肖年出生的人其紅鸞星都有固定的位置，而流年走至紅鸞星為紅鸞星動，簡易來說，所有肖鼠人在兔年都走紅鸞、所有肖牛人在虎年都走紅鸞……等，這樣的命理邏輯缺少嚴謹性，但卻是在古時候唯一能在替紫微斗數增加基礎準度的方法，而在現代社會的高數學與天文水平，其實已經可以不仰賴神煞系統，就以筆者推論婚期或桃花都已不參用紅鸞星，少了干擾，其準確度更高。

紫微斗數中的應該被參用的星曜只需要27顆星，這27數包含：紫微、天機、太陽、武曲、天同、廉貞、七殺、破軍、貪狼、天府、天相、天梁、巨門、太陰、左輔、右弼、文曲、文昌、祿存、擎羊、陀羅、火星、鈴星、化祿、化權、化科、化忌。

結構概要為：14顆主星＋左右昌曲＋羊陀祿＋火鈴＋四化。

為何不多取些星曜，例如以28數來象徵28星宿？或全書中提用的36數？其原因有二。其一，由於27星皆有馬敗庫一星三態，而化出81位，八十一為九九皇極之數，其森羅萬象，能深研此數，便足矣。其二，大羅之數為一千七百二十八，此數為六十四卦乘以廿七數，定數足矣。

紫微斗數誕生的歷史背景淵源

約西元950年
五代十國

唐至宋五百年，世傳三經《北斗治法武威經》、《玉清無上靈寶自然北斗本生真經》、《太上玄靈斗姆大聖元君本命延生心經》，闡明了以「斗父、斗母」為架構的星官階級。

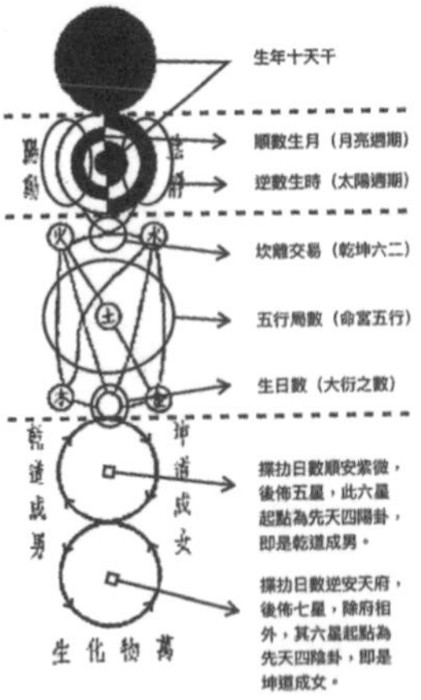

〈陳摶無極圖〉為斗數設計圖

註：本圖引用版本為北宋《周元公集》

約西元618年
隋唐

約西元155年
東漢

〈太上老君〉藉〈張道陵〉傳《太上玄靈北斗本命延生真經》、《太上說南斗六司延壽度人妙經》等南北二部斗經。

約西元前50年
西漢末

焦延壽、京房師徒，以「八卦納甲」，開啟了以「陰陽五行、天干地支」佐以易卦之風氣，此亦為紫微斗數四化星之源頭。

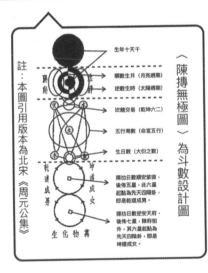

羅洪先從華山得到〈紫微斗數〉，首次刊印成書，流傳於世，共有三個版本：《紫微斗數捷覽》、《紫微斗數全書》、《紫微斗數全集》。

此時代起為「明清斗數」，在此之前則為「唐宋斗數」。

明清斗數的三大特徵：
1.格局與廟旺利平陷
2.重文輕武與重男親女
3.重視叢辰與諸多的神煞星

約西元1925年
民國十四年

約西元1550年
明嘉靖

約西元1070年
北宋

民國初年王栽珊著《斗數宣微》
其內容有五大創見：

1.星曜五行分屬陰陽
2.極為重視太陽與太陰
3.煞星皆以財星論
4.跨宮如福德為父之父
5.斗數應用於陰陽宅風水

〈邵雍先天八卦〉為斗數安星邏輯體系，透過卦體陰陽來分「紫微系星、天府系星」，也是「星曜四化」之生成原由。

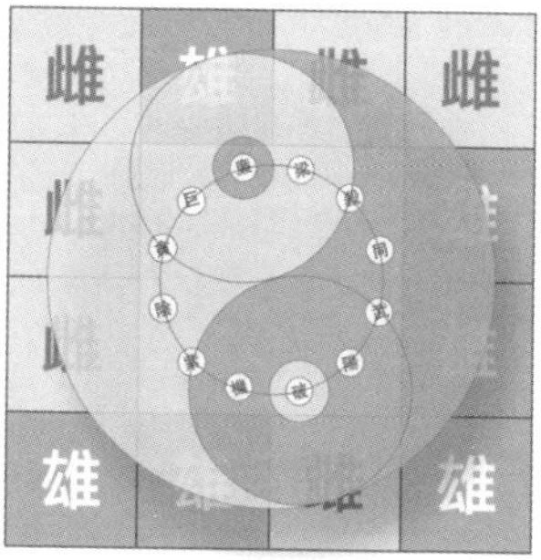

一、太陽星：「熱情、遷徙、真命天子」

太陽星乃紫微斗數中至尊之星，稱號「斗父周御國王天尊」，職等最高的星曜，掌握發達、財富、運輸、交通、旅行、出國、升遷、成名等之類的事件，當十年大限走太陽星時皆有其應驗，其富貴的來源有二，一來為自己旺盛的行動力所致富，二來是長輩庇佑而成。

此星也是女命之真命天子星，當行運走太陽星都象徵著遇見正緣，但如果是行運走到與太陽星六沖之時則代表「太陽沖」，反而象徵「分手」。

坊間流傳太陽星坐命，會與父母相沖不合的現象，原因為太陽本身是「屬火」的特性，凡是「屬火金」的星曜天生都帶有獨立且彪悍的特質。

像「太陽、火星、鈴星、擎羊、陀羅、七殺」等都是「火金之星」，本質具有「護法」特性，能護持父母、兄弟、子女等家庭成員，因此「失和」只是彪悍的外相，實為「鐵漢柔情」之內性。

這顆星曜除了在職場上的表現出衆外，對家庭的付出亦是盡其心力，為「好男人」星曜，若是女命為太陽星坐命，則亦會扛起家計，為家庭盡其心力，現代「女強人」之格，除了在職場上強勢之外，在情場上也非常強勢。

太陽亦主父親，太陽星作為太極時，其三方四正[6]所捕捉到的任何星曜都能作為其父親狀態的線索，而大限等行運四化若化忌星進去太陽星的三方四正，都能象徵父親有難。

太陽星的廟旺利平陷是否可做為參考，則需瞭解太陽星為何起於亥宮！

在農曆中有一個準則，其含「冬至」的「朔望月」便定為「子月」，冬至時太陽離北回歸線最遠，因此氣候為冷，「子月」又是「農曆十一月」，照推理農曆的正月不見得都包含「立春」，但卻九成包含「雨水」，「雨水」與「冬至」同為「中氣」，因此「雨水」正象

---

6 本書章節「進階飛星（上）」，有關於三方四正的解說。

徵「農曆正月」，而「雨水」時太陽在黃道走在「雙魚座」位置，「雙魚座」又為「亥宮」，一年之初起於「亥」，此稱「月將」，與寅為正月的「月建」永為六合。

太陽星的安星起於亥宮，但其落點跟著紫微訣而定，這稱「取天星之名走八卦之位」，所有星曜的起點都有理據，但其落點都是易學化的結果，易經卦象沒有亮度之別，因此沒有任何星曜需要參照「廟旺利平陷」。

但需要知道受「馬敗庫」的宮勢影響後，星曜起了怎樣的變化，而從前幾個章節可知，紫微學問是一個全息概念，馬敗庫與格局不可切割，也因此簡單的說，從星曜關鍵字切入每顆星的特性，自然就能理解整張命盤的特性，例如太陽在四馬地，必然於命遷線上捕捉到巨門星，則只要在論斷太陽星時，連帶把巨門星的特質帶進去，這就成了在四馬地的太陽星星性。

二、太陰星：「細膩、享樂、真命天女」

太陰星為唯一與太陽星同職等的星曜，稱號「斗母圓明道母天尊」，永遠都讓「北斗主貪狼」與「南斗主天府」夾住太陰星，左右逢源，呼風喚雨，由於三宮連珠都是強星連連，一旦十年行運走入太陰管轄的「府陰貪」連三宮則大運駕臨，太陰星因此也為「行限運王之星」，掌握快樂、喜悅、人緣、桃花、不動產相關等事件。

此星也是男命之真命天女星，當行運走太陰星都象徵著遇見正緣，但如果是行運走到與太陰星六沖之時則代表「太陰沖」，反而象徵「分手」。

太陰亦主母親，太陰星的三方四正所捕捉到的任何星曜都能作為其母親狀態的線索，而大限等行運四化若化忌星進去太陰星的三方四正，都能象徵母親有難。

同理可證，因為太陰亦主女友、老婆、女兒，也可以參照上述論法來看狀況好壞，只是不能獨看「太陰星」來解釋，還必須兼看「父母宮、夫妻宮、子女宮」等宮位內的情形。

太陰的性格特質是柔軟且具親和力，這點在男性上特別明顯，但在女性上，卻只彰顯在外貌較為美好，性格則是優柔寡斷，但無論男女都有一個特性，就是表達方式較為幽默。

太陰的五行屬水，水星是較為輕鬆的星曜，也因此帶有較多的桃花特質，與好人緣；太陰的主宮為家庭相關，比較利於情感的面向發展，懂得怎麼生活，若是在官祿宮則象徵鬆懈，在財帛宮則象徵消費；太陰星為象徵快樂的星曜，對於娛樂產業、觀光產業、美容美體美妝等都是對應的發展方向。

與太陰星有關的格局，舊論中很多都與「廟旺利平陷」相關，但基本上，不用在意「廟旺利平陷」，很多格局其實在現代也已沒有作用。

明代王逵〈蠡海集〉中提及一天文現象：「太陰之行，與日，同宮為晦朔，對宮為望，日明晝，月明夜，初一初二，日月同於卯時出卯宮，至酉時，日月俱沒。」

意思是當「農曆初一」之時，月亮昇起的時間為「卯時」，這是「太陰星」的「安星起點」在「卯宮」的原因，而這一個時間也是中原日出時間，因此太陽與太陰會一塊升起，此稱為「合朔」。

而當農曆十五「滿月」的時候，「太陽」與「太陰」升起的時辰會完全相反，太陽依然於卯時昇起，但太陰會於酉時昇起，卯酉兩宮「宮位相對」，遙遙而望，故稱為望月，太陽在白天照亮大地，而夜晚的天空有太陰點亮黑夜。

上述的觀念結合紫微斗數的盤式邏輯，日月同宮在丑未為初一，日月對望在辰戌為十五，此論證有別於傳統中「十二地支」象徵時辰來賦予太陰星「廟旺利平陷」的看法。

三、七殺星：「有志、開創、財神星」

七殺星為斗父與斗母之長子，稱號「勾陳上宮天皇大帝」，職等次於日月，此星為「武神」，與斗父斗母由於不合，而離宮廷而去，因此有著「威鎮邊疆」的特質，喜離鄉背井，能發富貴；七殺星異常理性與無情，對於六親愛情有著破壞的特徵，但對於賺取財富與開創能力最為第一。

清代程良玉在《易冒》中提及：「勾陳之象，實名麒麟，位居中央，權司戊日，蓋仁獸而以土德為治也。」其七殺為麒麟之星。

《禮記》禮運：「麟鳳龜龍，謂之四靈。」太陽為火鳳凰，太陰為玄武龜蛇，七殺為麒麟白虎，紫微為紫氣東龍，以上為「中天」四大巨星。

星空中北極點會因為地球自轉軸進動而不斷的換其北極代表之星，在西元前 4000~西元前 1900 年之間都是「右樞星（天龍座 α 星，又稱太乙）」作為北極星，而在西元前 1900 年~西元 500 年（南北朝梁武帝之時），為「帝座太子（小熊座 $\beta+\gamma$）」作為北極星，這時期也是紫微星的時代，而之後換成「勾陳一（小熊座 α）」作為北極星，在西元 2100 年時此星會最接近北極點，這就是七殺星的時代（現代），在西元 2600 年後又會轉為「少衛增八（仙王座 γ）」作為北極星。

七殺星的能量權重非常高，往往有著驚人的爆發力，在財官上有亮眼的表現，但也有一個特殊之處；當走到七殺星所在的年份，若是正緣的感情就會保留，不是正緣就會分手；在大部分的時候，這一顆星的年運，有利於事業與財富的發展，卻不利於桃花。

七殺星當坐在六親的位置，其相當於權星坐守的特徵。雖然六親富裕，但也較為保守自私，多半沒庇蔭自己；就算受其幫助，一定也沒有自主權，處處受其約束。

所謂的六親宮位，包括父母宮、兄弟宮、夫妻宮、子女宮、交友宮、福德宮。

十年行運走七殺星，是大運的象徵之一，但缺點是容易單身；七殺星是追求卓越的星曜，對於平衡的生活與日子是不容易的，但也有例外之處，就是當命格適合為家庭主婦時，七殺星之運所象徵的是卓越的家管，具有幫夫之特性，而行貴婦之運。

七殺星對婚姻與正緣都是無害的，甚至有巨大的幫助，由於婚姻與正緣都是建立在以經濟為前提的交往上，自然對經濟狀況有助益的星曜有利。

若是桃花等不正經的情緣，則七殺星會通通掃淨，一隻不留；七殺星除了象徵分手之外，也象徵喪事，舉凡生離死別與七殺都有所關聯。

七殺星也象徵國家，象徵稅法，如果重疊擎羊，則容易有稅務、公訴等問題，也象徵國家政策的改變導致巨大的損失，走其運一定要謹慎面對。

星曜獨坐能顯現星曜原始的特質，但如果是雙星的七殺，也就是紊羅八格的「竹羅地格：六星殺破狼」，七殺的特性就會不明顯，因為紫武廉這一組三合非常保守，與殺破狼的性質相反。

雙星同宮的「六星殺破狼」其星曜衝突非常明顯，如果三合方會見三奇星（祿權科）則呈現互補關係而平衡，若三合方會見忌星、擎羊、陀羅、火星、鈴星，則進退兩難且紛擾。

四、紫微星：「多謀、晉升、暗桃花星」

紫微星為斗父與斗母的次子，稱號「北極萬星教主」，星官職等同於七殺，紫微主掌萬星事務，性質與七殺相反，為文星之最，主掌智慧、情義、資訊、資料，由於善用智慧教導而非用威權來宰制諸星，故為萬星教主。

紫微星的安星法則，為「納音五行局」與「生日數」的結合；而「納音五行局」為「命宮」與「出生年份」的結合；而「命宮」為「出生月份」與「出生時辰」的結合，因此紫微星＝出生之「年」、「月」、「日」、「時」概念之總和，當紫微星被推算出來位置後，才能再排列出其他星曜的位置。

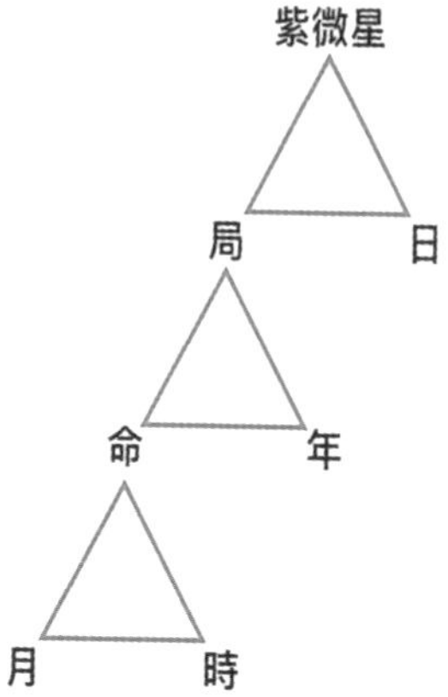

此方程共有七個點，仿北斗指極以象徵指引命運；局數是由「五虎遁月」所推算而來，「虎」指的是「寅宮」，這是紫微星的安星起點在寅宮的由來，「生日數」象徵「大衍之數」，「揲」之「局數」，有幾「揲」則從寅宮往前數幾宮，落點為「揲宮」，所不足一個局數之日數象徵「扐」，其「生日數」與「揲積」奇偶數相反則從「揲宮」逆向「扐數」安紫微星；奇偶數相同則「揲宮」順向「扐數」安紫微星。

以上的安星邏輯，正是出自易經〈繫辭傳〉，直接解釋了斗數為易學之命理化的結果。

紫微星坐命在其性格上較為悶騷，幽靜的紫微星知識非常淵博，不開口則已，一旦發表高論可幾日幾夜的談，但多數時候較為沉默；在人際關係上非常尊重他人，由於自尊心較高，秉著己所不欲勿施於人的感知，自然也是與人相處融洽，唯有在專業領域擁有高傲的特徵，不勝寒處。

紫微星在任何宮位都非常有利，具有化災解厄的特性，主要在於紫微星對於「風險」的高強度管理能力，穩扎穩打不喜涉險，這同時也是缺點。

紫微星在過去五百年前的社會非常有利，為士農工商之首「仕紳」的象徵星曜，但來到現代多以商賈為貴，紫微星處於弱勢，尤其文人多傲性，對於以獲利極大化之觀念較為排拒，重視觀感評價，只賺取分內應該得到的報酬，往往並非富裕，而僅以穩定收入為主。

紫微星的特性也有利成為企業之高階主管、醫療體系之醫生，有較高的收入，組織越大，對於紫微越是有利。

行運走至紫微星，容易有不公開的戀情發生，紫微星本身有著才華，謹慎，親和力的性格特徵，古時候達官貴人三妻四妾的特性也在這顆星上保留下來，但遵循社會觀感愛惜其羽毛，因此多只演變為地下戀情！

在紊羅八格中，會同府相的「梅羅天格：五星紫武廉」最具有文墨科名的性質，也是紫微星特性最顯著的格局，若會合了羊陀火鈴都會令屬性外放，其實會令紫微星有更好的發揮。

已會合殺破狼的「竹羅地格：六星紫武廉」，再會合羊陀火鈴則太過，一般來說，命格不喜太過於清濁相混，而喜在清平的命格上，放置一組「拱」或「朝坐」的羊陀火鈴，例如沒有會合殺破狼的「府相紫武廉」，火鈴入財官拱命，或火羊二星，一在命宮，一在遷移宮，這些都不至於過濁。

五、擎羊星：「效率、第三者、賊星」

《北斗七元金玄羽章》〈飛步捉神法〉曰：「擎羊者，擎者掌也，羊者善也，斗中掌善之官也。……上通於天，下通於地，中通於人，三才六合之內，有事隸於斗宮者，無不總會焉。大法有參斗入神，元綱流演，九晨飛步，迴元隱遁，變化飛昇之法，皆須二使者引導而後行之，其職大矣，又有無知之者，曰桃花殺，羊刃殺也，罪莫大焉。」

以上史料比明代紫微斗數全書至少再早上三百年以上，直接言明了「擎羊星」不等於「羊刃」；羊刃一詞在八字學神煞多見，而擎羊與羊刃有著一樣的安星法則，因此坊間斗數亦有將擎羊星稱為羊刃星的說法，但斗數與八字是差異頗大的推命術，還是以擎羊之名專於斗數為好，異於羊刃於八字。

擎羊星的轉速為眾星第一，狂風擎羊，這也影響了性格過於急躁的特性，但其風馳電掣的行事作風，若能有紫微、天府等文曜又同時是較重量級的星官同宮牽制，則能化為效率，在商賈時代會有出色的表現；但若與之同宮之星曜較為文藝，如文昌、文曲，則其瘋狂難以言喻。

依安星邏輯，擎羊絕對不落在馬地，擎羊只會落在庫地或敗地，而庫地令擎羊收斂，敗地則令擎羊外放，但吉凶關鍵還是在需要強星同宮，讓強星控制住擎羊，其次獨坐也可以，最怕的是擎羊狹持弱星，如明代古書中所說的「刑囚夾印」便是一例。

擎羊星亦正亦邪，擎羊有舉起羊祭天之意，因此為掌善之星，有服從的特質，並非領導型的星曜；擎羊又有順手牽羊之意，為「賊星」，當流運財帛宮內有擎羊，多有損財之驗，其賊不單純偷其財物，也偷心，故擎羊又主「小三」，當行運走入擎羊又重疊上日月昌曲，則有情變之驗，「男命」遇太陽主情敵，遇太陰主桃花；而「女命」遇太陰主情敵，遇太陽主桃花；與文昌同宮主名份有損，與文曲同宮主不可告人。

擎羊星又為「刑星」，這是明代古書的見解，亦有其驗，當行運三方或對宮匯聚了官司相關的星曜，難免受其困擾，凡是剛剛好就是和諧，太多則不見得有利；擎羊星不喜在六親宮位，多主單親與孤獨，較適合在本命盤的財官相關宮位上。

擎羊星在本命盤較為溫和，往往只象徵性格，若是在行運盤上，擎羊星則多象徵變化，無常之事。

在商賈時代，若本命三方只有文星如昌曲，必然在收入上有其限制，但有羊陀反而能突破其限制，這是羊陀出色的地方，沒有羊陀火鈴而要商賈致富，無非是緣木求魚。

擎為捕捉，羊為獵物，此為「狩獵」之星，與陀羅成對，陀為肩上揹負，羅為網子，象徵捕魚，為「漁獵」之星，羊陀都具有勇猛之性。

六、陀羅星：「盡責、遠距離、創作星」

《北斗七元金玄羽章》《飛步捉神法》曰：「陀羅者，陀者大也，羅者都也，斗中都大之官也。」

大多數關於陀羅星的釋義都聯想為童玩陀螺，並以不斷的轉動來比喻這一顆星，但事實上相差甚遠；陀羅為都大之星，都大之官為都督。

都督雖為軍事最高統帥，但如道德經所述：「君子居則貴左，用兵則貴右。」尊文抑武的倫理觀，讓陀羅星的職等僅排在象徵司法之刑星擎羊之後，作為擎羊星的副官侍郎。

擎羊星為「掌善」主判斷是非善惡，陀羅星為「都大」執行獎懲罪罰，在《全書》中以陀羅星化氣為「忌星」，有其令人戒慎恐懼之意，「羅」有網子之意，也用以象徵牢獄，陀羅星亦為官司相關星曜之一。

陀羅星為星曜中最為勤奮的星曜，轉速雖非快速，但其執行力與腳踏實地，多能旺家興業；但這也是陀羅星的缺點，較為多勞，但無礙。

陀羅星有步步為營，緩慢實現理想的性格，若與高轉速的星曜同宮難免有些為難，如太陽、貪狼；陀羅要確實的伸展抱負，獨坐最為合適。

照安星邏輯，陀羅星永不會落入敗地，只會落在庫地或馬地，而《全書》上的廟旺利平陷雖認為庫地為旺，馬地為陷；但如果以陀羅一顆都督之星，沒有配天馬實在說不過去，就以實戰論命的經驗來看，陀羅在四馬地確實有較為突出的表現。

關於祿存羊陀三連星，從《三命通會》可解讀出兩個觀念，其一，羊陀如同保護祿星的護衛，其二，陀羅為播種，祿存為果實，擎羊為收割。

陀羅星，亦為創作星，能將不同的事物，揉合一起，而產生新的呈現，陀羅星由於轉速較慢卻又有開創性，才導致獨特的創作特性。

過去常用一個故事來形容羊陀火鈴四星的差異：「有個人在等公車，後來車靠站了，車很滿，居然有一個人插隊就上了車，只好等下一班，然後下雨了，路邊有攤積水，有輛車飛馳而過，嚇了一跳，濺了一身是水，又等了非常久，終於有公車靠站，結果一次來兩台車，上了車後，居然發現沒有零錢付車資，所幸車上遇見老朋友，而相助過關。」

①其中「被捷足先登的詫異」，這在當「擎羊星」落在行運的三方有可能遇見的事。

②其中「驚嚇與騷擾」，這在當「鈴星」落在行運的三方有可能遇見的事。

③其中「不來則已一來則多」，這是當「陀羅星」在行運的三方有可能遇見的事。

④其中「突如其來的悲喜交夾」，這是當「火星」在行運的三方有可能遇見的事。

從上述可知羊陀火鈴，在行運推論中，象徵著情緒突然的變化；十四顆「主星」如同主菜，而十三顆「輔助星」如同調味料，食之能讓人表情驟變的只有香辛料，不太會是米飯麵條類的主食，因此需要強調的是，要抓住命運的樞紐，以這13顆「輔助星」為先，而再看這14顆「主星」提供了怎樣的基底。

這便是孫子兵法提到的：「以正合，以奇勝。故善出奇者，無窮如天地……奇正之變，不可勝窮也。奇正相生，如循環之無端，孰能窮之哉！」

七、貪狼星：「務實、獨立自主、公關星」

貪狼星，為斗父斗母的三子，從紫微之下主掌北斗眾星，職等與天府相同，其稱號為「北斗第一陽明太星君」，北斗諸星皆剛硬難馴，但皆能為貪狼所主持，皆因貪狼之才華文武雙全，貪狼不懼惡曜且能化為己用，控場能力絕佳，善通人性，能與眾人交好，氣場足總不畏懼排場，能讓大家聽從貪狼的原則與準則，永遠與武神七殺三合。

北斗七星向來有指引方向的作用，有如星斗中的羅盤，目前市面的風水羅盤，在廿八星宿的那層盤面有三種度數樣式，分別為宋代開禧度、清代時憲度、現代新修正度，星宿之所以會有不同的星度，與先前提及之北極星移動有關，天上的星斗位置會隨著歲差進動（axial precession）而改變。

以宋代的開禧星度為基礎，廿八星宿之起頭的角宿，落於辰宮，《晉書．天文志》說：「角二星為天關，其間天門也，其內天庭也。故黃道經其中，七曜之所行也。」角宿的形象化又稱角木蛟，五行屬木，而北斗屬水，貪狼星安星起點於辰宮，寄於「角宿星官」，故古籍多言貪狼屬木，又屬水。

北斗七星除了祿存與文曲有自己的安星法則外，其餘五星貪狼（北斗一）、巨門（北斗二）、廉貞（北斗五）、武曲（北斗六）、破軍（北斗七），起於辰宮，順行分布於「辰」「巳」「午」「戌」「子」，這五個宮位分別為先天八卦之「兌」「乾」「艮」「坤」，為唐代後乃至明清流行的「卦命──西四命」。

俗諺：「南斗註生，北斗註死」，日月之東昇西落亦表生死，南斗星曜起宮寄於「東四卦（震巽坎離）」，北斗星曜起星寄宮於「西四卦（乾坤艮兌）」。

只是說，同樣是卦命，其風水學用的是「後天八卦」，而紫微斗數用的是「先天八卦」。

貪狼星的特徵為「理性」，不受禮俗規範而以效率為主的行事作風，星曜轉速非常的快，節奏與步調多為緊湊。

當貪狼星落在在六親宮位，則其宮位有較為「自私」的特性，雖然富裕但不見得庇蔭自己。

行運走在貪狼星上時，有不願意被管束、約束而想獨立自主的現象，例如離家出走、創業；貪狼星也是白手起家的象徵星曜之一。

貪狼星非常有才氣，所謂的化氣為桃花，為風流才子人緣很好。

至於在愛情與婚姻上，古今情感的價值觀念差異非常大，現代的自由戀愛風氣，鮮少父母之命媒妁之言，正是最適合貪狼星的愛情觀念。

貪狼星在感情上比較霸道，想愛就愛的作風鮮明，擇偶偏好非常理性，多會選擇對自己的事業或生活有直接助益的對象，簡而論之，看準對自己有幫助的愛情，直接地去追求，沒有性別差異，也不顧眾人的支持或反對。

貪狼星的極端務實，在浪漫的申子辰水鄉三宮較不明顯，而以寅午戌火鄉三宮最能突顯務實特色。

庫地的貪狼星最能善用理性，偏向商業、理工、數字相關的專才；敗地的貪狼星帶了些浪漫特質有文政走向；馬地的貪狼星變化多端，易受同宮之星而產生奇異的矛盾特質，多有業務走向。

貪狼為北斗第一星，北斗之主，寄宮於角宿，又為廿八星宿之主，主角光環顯著，不服輸，耐勞耐鬥，為星曜不倒翁，論命遇此星，勿輕之。

八、巨門星：「義氣、學習、媒體星」

巨門星，北斗二，為貪狼星的副官侍郎，其稱號「陰精元星君」，此星掌握死亡、考古、過去、回憶，其星亦為師星，善教導而指導性強是其特點，此星孤獨，凡是三合、六合、對宮都沒有特定的星，但永遠與紫微星為六害關係。

巨門為百星之忌，星曜中的殺手，江湖中的俠客，「巨門、破軍、文曲、太陰」等為四大暗曜，在行運命宮、遷移宮、疾厄宮遇上太多暗曜時，在明代古書中稱為「水中作塚」，有作為水厄的解釋，但實際上應該是指「背負冤屈而自清」，如同屈原投河為求高風亮節，暗曜多為性情中人。

俠客之星最大的特徵，是「路見不平，拔刀相助，仗義執言，擇善固執」，當性格有這樣的傾向，易背黑鍋，在五百年前的明代官場，日子皆不長久，因此巨門星在古書中總是描述為「是非之星」，但時空來到現代，媒體普及，反而這樣的特性，容易因為在大眾傳媒上曝光，巨門星也就象徵著媒體，巨門星本體沒有善惡之別，唯存「高調」特質。

巨門星同於忌星，有多管的特性，這在工作與事業上很有作用，能身兼數職，但缺點為多勞，除了工作之外，在很多生活面向也具有多管的性質，若論職員或家管的身分，巨門都非常的盡職，無其他星能出其右。

巨門又稱「法星」，亦象徵佛教的護法神，又為道教的護衛門神，也是官司相關星曜之一。

巨門一詞，在風水九星上也廣泛應用，稱為二黑病符星，因此當行運走至巨門時，也有此驗，主疾病發作，會合了水星則主傳染性疾病；行運走巨門時，也象徵遇見死亡，但非死期將至的意思；尤其在會合上文昌、文曲等星曜時，有象徵遇上喪事之意。

關於行運的推論，都會去解讀星曜，但同一顆星，可輕論，可重論，光輕重之別，足見解盤之深淺；巨門星在屏除疾病、死亡等事件後，最根本的論斷，就是「沮喪」，沮喪的原因有輕有重，但可以全忽視，直接以沮喪一詞，而直中巨門星，這就是關鍵字論法的優點。

有次論命解盤，開頭筆者就問：「上次找人算命是否六年前了？」，對方回想了一下後，非常訝異的說「是」；筆者推論的方式很簡單，過去五年的流年宮位平淡無奇，就六年前走巨門星，明顯是一個「沮喪週期」；只要抓住了巨門，也就抓住了心思，非常直觀。

關於安星原理，任何安排都有跡可循，巨門星的起點在巳宮，此宮位也是廿八星宿開禧星度的「軫宿」所在，軫宿中有一星官稱為「軍門」，《晉書．天文上》：「土司空北二星曰軍門，主營候彪尾威旗。」軍門之音雷同巨門，這是巨門起星於巳宮的立論點。

九、祿存星：「謹慎、儲蓄、保險星」

祿存星，北斗第三，其稱號「真人」，此星掌握爵位、封建、貴族、仕紳、階級，又為孤鸞，為孤家寡人之星。

真人一詞有道家以人修煉成仙之意，如同佛家的佛，為覺者之意。《莊子》：「關尹、老子古之博大真人。」

祿存星為十二長生的縮影，十二長生的循環哲學如同生老病死，為一生縮影，因此祿存的北斗稱號「真人」，實至名歸。

◎行運無論大限、流年，走祿存星時，在感情上都有明顯的分手現象，為分手指標星曜之一；象徵生活圈的獨立自主。

◎祿存星為安全至上的星曜，不喜涉險，多有保守，與喜待在舒適圈的特性；在財官上過於保守，因此較不利創業，但適合承接、守成。

由於上述的兩種特性，祿存星常變成黃金單身漢；不過這得要跟大星同宮，才增強其財富而稱黃金，畢竟祿存帶羅漢之氣，多數還是指修行。

祿存星會將「孤獨、保守」性質帶進去宮位裡頭，例如祿存星入到「父母、夫妻、子女、兄弟、交友、福德」等六個宮位，都有六親疏離的現象。

若入到「命宮、遷移宮」，則不利於開創，適合守成與穩定；若入到「田宅、財帛、官祿」，則都能確實的發揮其守成特質；若入到「疾厄宮」，多指富貴病。

依安星法則，祿存星一定不入庫地。

古書中所提及的「祿馬交馳」，正是指祿存星而言，四馬地的勤奮賦予了祿存星開創特性，在商賈時代上有利創業。

敗地則較為浪漫，與祿存星的守實性質相反，性質未定，如與「文曲、天府、天相」等文星同宮，則有利科場。

祿存星永受擎羊、陀羅所夾，當「祿存星坐命」時，羊陀必定落在「父母宮、兄弟宮」，這也是祿存星有「孤寡、修行之氣」的原因；與有沒有忌星坐守無關，更非關羊陀夾忌。

祿存星的安星法則出脫乎南北斗諸星之外，為十二長生之天干生成，見於明代《三命通會》〈論天干陰陽生死〉，祿存星的安星起點寄予「建祿」，建祿便是十二長生的「臨官」；以甲干為例，卯為春木帝旺之所，前一地支寅，就是「建祿」；以乙干為例，午宮為甲木之死位，陽死陰生且逆行，午宮變成乙木長生位，逆行了「沐浴在巳」、「冠帶在辰」，乙干之臨官建祿在卯。

若以地支之藏干納甲而論，寅藏甲木、卯藏乙木，所謂的建祿，原理便同於「比肩」，比肩指的是兩者的「陰陽五行」皆相同的意思。

祿存星更是博士十二神煞的安星起點，陽男陰女順行、陰男陽女逆行，佈下博士、力士、青龍、小耗、將軍、奏書、飛廉、喜神、病符、大耗、伏兵、官府等12位。

祿存星為「生年天干」所定，以年所定之神煞，有其存在原因，為彌補紫微方程式對於生辰八字條件過於嚴格，故以年神煞來增強方便性，此概念於本章之首陳述過。

十、文曲星：「沉穩、溝通、才華星」

文曲星，北斗四，為祿存星的副官侍郎，其稱號為「玄冥紐星君」，為北斗七星中最暗的星，掌握的是戲曲、傳說、神話、預言、詩詞、小說。

文曲星起於辰宮，托寄貪狼星之位，象徵北斗之魁，漢代〈春秋運斗樞〉記載：北斗中的「第一至第四為魁」。

傳統民間信仰與文學作品中，認為商代丞相伊尹、財神爺比干、宋代政治家范仲淹、宋代政治家包青天、南宋詩人文天祥等等皆為文曲星轉世。

生辰落在以下十二條，必定文曲星坐命；會發現，只有「奇數」月份才有可能文曲星坐命。

在紫微斗數中的文曲星，性格與行運特質不見得與文曲星轉世的歷史人物相似，但的確象徵著戲曲、傳說、神話、預言、文學等事件。

玄冥一詞有水神、陰間之意，在唐代風水典籍《撼龍經》中文曲亦為水星的象徵；既有陰柔特性的文曲，為陽剛祿存星的副官，祿存的實，對應文曲的虛。

文曲星象徵「隱藏、隱瞞」，若在行運三合會合到擎羊、太陽、太陰，會出現愛情上複雜的三角關係。

農正月 巳時	農三月 子時	農五月 丑時	農七月 寅時	農九月 卯時	農十一月 辰時
農正月 亥時	農三月 午時	農五月 未時	農七月 申時	農九月 酉時	農十一月 戌時

文曲星也是官司相關的星曜之一，代表訴訟；也是四大暗曜之一，匯聚太多暗曜，易有水關、桃花劫。

文曲星不見得對讀書運有直接助益，因其禮樂特質較為大衆化，為小說、故事、流行歌曲、影視，有利藝術、音樂、美術、戲劇等相關科系。

文曲星的轉速較慢，並不適合商賈，較適合技術性、輔助性的工作。

文曲星與轉速較快的星曜同宮，容易感情用事，而影響工作，如與貪狼星、七殺星、太陽星。

文曲星會合到文星則融合良好，如與紫微星、天府星、科星。

文曲星在福德宮、夫妻宮，為最合適的位置，古書稱為「玉袖天香、蟾宮折桂」，都主寫作天份。

動態的文曲主歌唱，靜態的文曲主寫作。

十一、廉貞星：「正經、沉潛、君子星」

廉貞星，北斗五，其稱號「丹元綱星君」，主掌公平、公正、正義，為記載事件紀錄之史官，北斗七星中最亮之星，星官名為玉衡。

廉貞的安星起點於午宮，為先天八卦之乾卦，易經說卦傳：「乾為天、為圜、為君、為父、為玉」，廉貞為君子之星。

由於為記錄的史官，廉貞星的記憶力非常好。

廉貞星的性格特徵為「非黑即白，一板一眼，沒有灰色地帶」，也是廿七顆星中最固執的星曜。

廉貞星是一顆文政星，轉速慢，不適合商賈，但於行政、文書皆有利，尤其處事精準的特質，若能於醫學、警察方向發展則有大成。

廉貞星也是官司相關概念的星曜之一。

廉貞星之優點，善分辨分別與過目不忘。

任一顆星曜，都有其關鍵特性，這個關鍵特性一定是眾星皆無，唯有此星獨有，這樣才能精準的剖析命運。

而任何關鍵特性，又會因為落點位置不同，有更為深層的解讀。

當以廉貞星為實例：

「寅午戌火地三宮」是非常激進的位置，其中，「寅宮」又為「馬地」，過勞的宮位，好靜的廉貞受到巨大的拉扯後，被賦予了業務能力，練出了火眼金睛，能精準的看到客戶的需求。

「寅午戌火地三宮」中的「午宮」，則為「敗地」，為慵懶的宮位，在不提及廉貞之前，敗地與火地已經出現矛盾拉扯，廉貞在這個宮位，介於勤奮與慵懶之間，由於必定與天相同宮，增強其服務的性質，象徵為了別人而活，忙雖忙，卻沒有靈魂。

「寅午戌火地三宮」中的「戌宮」，亦為庫地，為城府心機之位，加上了「火地」的激進，外顯與內隱產生了衝突，又廉貞在這宮必定與天府同宮，天府的愛惜羽毛與重視形象，加上廉貞的一板一眼，使得人前人後的樣子不一，衆人面前是笑容滿面的天府，一轉身廉貞的愛恨分明隨即上身。

以上為廉貞星在「十二地支」的差異，接著來看在「十二宮」的一些例子。

例如當「廉貞星」落在「夫妻宮」時，「擇偶偏好」有「一板一眼」的特徵，對愛情相當死心眼。

又例如當「廉貞星」落在「遷移宮」時，只有同時也是「火馬地」才有利於業務、仲介、創業，其餘「地支宮」，就算同時是「遷移宮」，也只適合文職行政。

星曜基本解盤的訣竅，便是在「金木水火＋馬敗庫＋十二宮位」。

十二支宮共 144 種基本變化，加上有不同的主星，便有 1728 種變化，若主星外，九顆輔助星再進來，就是13萬種變化，為了抓得住13萬種變化，就得用上占卦時的解析邏輯，卦只有8種，上卦加下卦為64種，那只要記得8種即可，把兩種的特質相加，靠自行解讀即可，斗數則是27星、12支、12宮，複雜程度雖然更高，但只要將這51處，其關鍵字都記得清清楚楚，自然13多萬種變化都能駕馭。

十二、武曲星：「紀律、平安、制度星」

武曲星，北斗六，其稱號為「北極紀星君」，為廉貞星的副官侍郎，其兩星共為「綱紀」，於命盤上永遠為紫微星的財官二方，為北極萬星教主紫微的股肱之臣，為御史之星，主掌監督、監察、金融、銀行、管理、行政，與廉貞星合為「廉政雙雄」。

武曲星的安星起點於「戌宮」，與太陽星之「亥位」，同為「先天艮卦」，又為後天之乾卦，剛好與廉貞星呼應乾卦之先天與後天。

易經艮卦：「上九，敦艮，吉。」非常貼切的形容了武曲星的性格，篤厚溫文。

武曲星的關鍵字為「制度、紀律」，筆者常用宅星來比喻這顆星，指宅在家裡的意思，武曲星的保守性，又紀律顯著，日出而作日落而息，非常的「穩定」。

武曲星的轉速較慢，亦不適合商賈，而其「制度與紀律」之特性，很適合銀行業，因此當武曲星與有利商賈的「貪狼、七殺、破軍」等三顆星同宮時，便有較晚發達的特性，這也是古書所寫「不發少年頭」的原因。

武曲星除了入疾厄宮較為不妥，五行屬火、金者皆不喜入疾厄；其餘宮位皆適合武曲星，換句話說，紀律的特性，在任何宮位都能帶來秩序，只要穩定就能讓人生安順。

稍微談一下紊羅八格中的「紫微、武曲、廉貞」三合。

「武曲星」唯有在「辰、戌」才有獨坐的可能，其餘位置皆為雙星同宮，「紫微星」則是在「子、午」才可能獨坐，「廉貞星」則是在「寅、申」才可能獨坐。

獨坐象徵著「星性＝宮性」，因此「紫微星」的性格原型同於「敗地」，為風流才子、養尊處優；而「武曲星」的性格原型同於「庫地」，為冷靜沉著、聰明善守；而「廉貞星」性格同於「馬地」，為鐵齒正經、堅毅積極。

以上獨坐皆為「水火三合格」，卦理「淨陽淨陰」。

以下再用「武曲星」來示範「十二地支」的差異。

「廟旺利平陷」絕對不是星曜好壞的依據，而是「地支本位：金木水火＋馬敗庫」。

不用死記「十二個地支」性質，「地支」中有「金木水火馬敗庫」七個位置屬性，活用其中的組合更重要，當然需要背的東西越少越有關聯，自然越能記得住。

列舉「武曲星」在地支「子丑寅卯辰巳」為例：

子：稱為「水敗地」，水鄉的慢條斯理+敗地的浪漫特質，武曲與天府同宮與此，天府的繼承性強，加上武曲的紀律，為優等的守成者。

丑：稱為「金庫地」，金鄉的機警+庫地的內斂城府，武曲與貪狼同宮與此，武曲的紀律嚴明降低了貪狼星暴衝的特質，穩定的發跡。

寅：稱為「火馬地」，火鄉的激進+馬地的勤奮，武曲與天相同宮與此，武曲的保守性增強天相的和平特質，能為衆人而忙，政治組合。

卯：稱為「木敗地」，木鄉的內斂+敗地的浪漫，武曲與七殺同宮於此，七殺的積極性質讓武曲綁住，引爆心中的小劇場，常自我對話。

辰：稱為「水庫地」，水鄉的多慮+庫地的算計，武曲獨坐於此，一切皆有 SOP，有紀律，活用制度，管理能力強，為武曲星本質位置。

巳：稱為「金馬地」，金鄉的敏銳+馬地的衝刺，武曲與破軍同宮於此，破軍的善變讓武曲靈活化，能抓住趨勢，如太極拳，以靜制動。

十三、破軍星：「直白、變局、赤子星」

破軍星，北斗七，其稱號「天關」，在廿八星宿之畢宿有一星官亦名「天關」，此星在古代有很響亮的名氣，此星位置大概為黃道上接近北極的點（古論），也就是夏至，日月金木水火土等七星軌跡所經過最接近北極的地方，因此有天上關口之稱；破軍星為北斗第七，取其名，象徵了北極紫微垣中守護關口之鎮垣之星。

破軍星的關鍵字是「勇氣、變化、孩子氣」，雖然是星官職等最低的星，但沒有副官的破軍星，兼具所有文政武商特性，破軍星最為優勢之處就是「法無定法」，與「天相星」永遠對宮，破軍星象徵的就是「無相」，唯有「金剛經」最能解釋「破軍之意境」。

本命宮為破軍星時，性格非常孩子氣，常保其赤子之心。

行運走破軍時皆主變局：「安定進入混亂，混亂進入安定」。

「太陽富破軍窮」，當行運走破軍星時，處境較為艱難，其解決的關鍵在於掌握「變與不變」，當日子好好的，千萬別因為貪婪與無聊而去求變；當日子非常艱難時，天道酬勤，只要肯努力，拼一回求生機。

破軍星落在行運之財帛宮時，一定要留意破大財，無財可破則反而殺出財路。

易經中有一句話很貼切：「窮則變，變則通」

破軍星也象徵「遠距離」，落在六親宮位時都很明顯，如遠距離愛情、離鄉背井、分居婚姻。

對於木訥寡言的人，走破軍的流年運，有突然結婚成親的現象。

破軍星的變化特性在「亥卯未木鄉三宮」較不明顯。

以下為「二十八星宿」在「十二地支」示意圖，「星宿」之中還有「星官」，目前以筆者的研究結果：「星曜

<table>
<tr><td>軫翼</td><td>張星<u>柳</u></td><td>鬼<u>井</u></td><td>參觜</td></tr>
<tr><td>角
亢</td><td colspan="2" rowspan="2">開禧宿度
西元1207年
(底線為跨兩宮)</td><td><u>畢</u>
昴
<u>胃</u></td></tr>
<tr><td><u>氐</u>
房
心</td><td>婁
<u>奎</u></td></tr>
<tr><td><u>尾</u>箕</td><td><u>斗</u>牛</td><td><u>女</u>虛危</td><td>室壁</td></tr>
</table>

名皆出自星官，運行之理則依從易經八卦，紫微斗數為八卦易學從占卜蛻變成推命術的結果」。

十四、左輔星與右弼星：「鞠躬盡瘁之星」

左輔星，北斗八，稱號為「洞明外輔星君」，在《紅樓夢》中有副對聯：「世事洞明皆學問，人情練達即文章」；洞明一詞應源自詩經：「祀事孔明」，其原本意思是謹慎規矩，到了漢代《焦式易林》提到：「亂政無常，使心孔明」，其意思便有了「洞察、仔細明白」的意思。

只要是「戌時」出生，必定「左輔星」坐命，戌宮亦為「武曲星」的安星起點，以星象論，在北斗六武曲星旁邊，有一星官，名為「輔」，《晉書．天文志》：「輔星傅乎開陽，所以佐斗成功，丞相之象也」。

左輔星的安星起點在「辰宮」，並依「月份」順時針安星，「辰宮」為星宿四象之一「青龍」的源頭；右弼星則起於「戌宮」，依月份逆時針安星，「戌宮」為星宿四象之一「白虎」的源頭；所謂「左青龍、右白虎」，為帝王輔弼，左為陽故順轉，右為陰故逆轉。

生辰八字，分「年月日時」四柱；紫微星象徵「日柱」，左輔右弼象徵「月柱」，文昌文曲象徵「時柱」。

右弼星，北斗九，稱號為「隱光內弼星君」，《撼龍經》中提到：「右弼一星本無形，是以名為隱曜星」，《後漢書．鄭玄傳》：「又南山四皓有東園公、夏黃公，潛光隱耀，世嘉其高，皆悉稱公」，這是「商山四皓」的故事，傳說這四人是秦代官員，因秦政暴虐，所以隱居商山，故右弼星象徵「隱世高人」；左輔星顯於外，右弼星隱於內。

農五月 子時	農六月 寅時	農正月 辰時	農二月 午時	農三月 申時	農四月 戌時
農十一 月子時	農十二 月寅時	農七月 辰時	農八月 午時	農九月 申時	農十月 戌時

依陰陽兩分，男左女右，隱士的概念又加上女性，故右弼星也象徵「垂簾聽政」。

生辰落在以下十二條，必定右弼星坐命；會發現，只有奇數時辰才有可能右弼坐命。

《道德經》提到：「君子居則貴左，用兵則貴右」，左為文，右為武；筆者常用一個比喻，古時候文官出門，幫忙駕馬車的人為左輔，武官出門，幫忙拉馬出來的人為右弼，左輔與右弼為「駕車拉馬」，輔弼在哪一宮位，便會為那一宮位「做牛做馬」。

《紫微斗數全書》中從未記載輔弼為貴人，實際上的情形，左輔與右弼只有增添勞碌，象徵勤奮；當同宮於紫微、天府等養尊處優的星曜時，能化慵懶為勤勞，非常得利，這點則與《全書》論點相似，只是全書是以是否為「孤君」論，無提及勤奮與否。

左輔與右弼非常適合需要勤勞的宮位，如「命宮、田宅、財帛、遷移、官祿、福德」，但不適合六親宮位，象徵會為了他人而辛勞。

若輔弼同宮，則有其宮位主客皆勞的特徵，例如父母宮，不只為人子自己孝順，父母自己也勤奮。

十五、天府星：「氣度、提拔、興旺星」

天府星，為南斗衆星中的大主管，其職等在七殺之下，其稱號為「司命上將鎮國真君」，大可鎮國，小可鎮家，擄高功能的輔佐特質，擁有非常強的外交手腕同時又有極高的忠誠，聰明異常又持重沉穩，能穩定作息生活，因此保健家中安康，此星有天生來的好運氣，總枯木逢春，為幸運之星亦為文政之曜，永遠為武神七殺之對宮，天府安內，七殺攘外。

天府星的特徵為「繼承、好運」，當行運走天府時，為大運，有象徵得到好處，貴人相助。

天府星非常適合四馬地、與輔弼羊陀同宮，可以改善養尊處優的狀態，也是讓天府帶有商賈特性的關鍵點。

天府星總是給人很清新的相處感受，是非常寬心的星曜。

天府星本身的桃花並不多，如果有羊陀火鈴，更少；但如果是會到文昌、文曲、紫微，就反而會有很好的桃花運。

庚干能令天府化科，會令天府星除了氣量之外，增添文藝氣息。

天府星無論財官宮、六親宮都很好，幾乎沒有缺點；若落在疾厄宮，為富貴病。

天府並不適合與鈴星同宮，處之泰然的天府遇上了糾結騷擾的鈴星，有較顯著的衝突性。

人際關係上，天府星雖然表現得很好，但私底下天府星很孤僻，反差會很大。

關於南斗諸星的起源，《太上說南斗六司延壽度人妙經》提到：「斗宿六星，是則號南斗六司，與北斗七政分職，共理三才六合八卦九宮」，提供了兩條線索，第一條是「南斗」與「斗宿」有關；第二條是「南北斗諸星」與「易經八卦、洛書九宮」有關。

關於第一條線索，廿八星宿之一的「斗宿」，其星宿分野，橫跨「寅宮、丑宮」（破軍星章節有星宿分布示意圖），故南斗第一星「天府」，安星起點於「寅宮」，順時針排序南斗諸星，而南斗最後一星「天機」，安星起點於「丑宮」，起於寅，而終於丑，邏輯吻合之前所定義的「星曜源自星宿星官而非指單一星體」。

關於第二條線索，在「四化飛星」的章節會提及「洛書九宮」與四化的重要關聯，至於「易經八卦」則是在前面章節的「八宗門」已說明。

十六、天相星：「客氣、面試、大使星」

天相星，南斗二，為天府星的副官侍郎，其稱號「司錄上相鎮獄真君」，為大使之星，思維活絡，善媒合溝通，鬼點子主意多，此星特長於面試、第一印象、好人緣，是重要的貴人星，永遠與司命天府三合；並永遠處於破軍的對宮。

天相星的特徵為「好印象、面試、和事佬」，在命宮有較為圓融的性格，且對「宗教、命理」有興趣。

行運走到天相，對面試、轉職、考試、認識朋友等都很有利，易有貴人相助。

天相亦為慢速的星曜之一，為商賈不利，因本質較柔弱，會合「擎羊、輔弼、陀羅」，易走偏門，若有「紫微、武曲、廉貞」同宮則為端正。

從星象上探究起源，在廿八宿中的「星」宿裡，有一星官，名為「天相」，其星官的十二宮分野就在「午宮」，正是「天相星」安星起點於「午宮」的原因。

在《太上說南斗六司延壽度人妙經》中，「天相」稱號為「司錄」，但後來有些典籍稱「司祿」，雖義異但音同，讀經持誦則無妨礙。

分析「天相」稱號的差異，「司錄」一詞，最早為參軍，在唐代為京尹（首都）屬官，掌府事，而「司祿」一詞則為星官之名，在「文昌六星」或「虛宿」都能得見，若兩者義涵取一個共通處，則指的是「副官」，尤其為天府星的副官。

十七、天梁星：「活潑、自由、貴人星」

天梁星，南斗三，其稱號為「延壽保命真君」，擁有凌駕於衆星的慈悲樂善之德，不需要宗教信仰的加持，本身就擁有極高能的善能量，永遠為斗母太陰之三合。

天梁星的特徵為「自由、開朗」，為中南北斗諸星中，最為活潑的星曜，其天馬行空的想法，與精力旺盛的行動力，非常厲害。

天梁星雖然星官職等只有南斗三，但其能力卻數一數二，其成熟、超齡的氣度，活潑的應對方式，落落大方，在商賈時代非常有利。

行運走至天梁星皆有自由奔放的特徵，例如出國發展、創業等，有願意面對新事物、新局面的勇氣；當然這些都必須在沒有慢速星來阻饒才行，如果會合到「文昌、文曲、化科」則反而會因為困住而產生煩惱，尤其天梁的自由特質，會合桃花星，較容易有新的戀情產生。

「寅午戌」三合火地的天梁星，屬於商賈積極度比較高的命格，這對追求財富的表現有顯著的好處。

「亥卯未、巳酉丑」金木地的天梁星，屬於藝術、音樂等技術性比較高的命格，較適合一門深入，以名獲利。

當「天同星」與「天梁星」同宮時，天同星的完美主義，會影響到天梁星，使其拘謹。

天梁星的三合格局中，有一為「蘭羅地格：陰陽梁」，當「天梁星」在三合遇見「太陽星」便是此格，因為「太陰」主女人，「太陽」主男人，夾在中間的「天梁」，容易變成「第三者」，也象徵為「紅娘、媒人」。

從星象來看星曜起源，天梁有壽星之稱，在廿八宿中的「井宿」，有星官名為「老人」，又稱「壽星」，星宿分野在「未宮」，這就是天梁的安星起點在「未宮」的原因。

《史記索隱》所提：「壽星，蓋南極老人星也，見則天下理安，故祠之以祈福壽。」

晉代《搜神記》有篇跟「南北斗信仰」有關的故事：

有一次，管輅到了平原，看見顏超面帶著夭亡的氣象，顏超的父親要求他相救，管輅就叫顏超去準備清酒、鹿脯，在卯日的時候到割麥場南方，如果看到有兩人在桑樹下棋，就為他們倒酒、上鹿脯，假若二人有發問，只要拜不要出聲，到時自然就會有人相救。顏超就依他所說的話前往，果然見有二人在下棋，於是就在二人面前倒酒並將鹿脯放著，這二人因專注下棋不察便取酒食，等到吃喝過數巡以後，坐在北邊的忽然看見顏超在旁邊，就大聲喝道：「你為什在這裡？」顏超不出聲，只向他拜著，坐在南邊的那個人說：「剛才吃他的、喝他的，怎可如此無情呢？」坐在北邊的人便說：「生死簿已記載確定。」南邊那位接著說：「借簿冊來查看。」簿冊一翻開才知顏超僅能活十九歲，所以就拿起筆來一劃，變成可以活到九十歲了，顏超就很高興的叩謝而回家。管輅向顏超恭賀說：「很高興君得到增壽，坐在北邊的就是北斗，坐在南邊的就是南斗，南斗註生，北斗註死，人都是要從生走到死，所以我們在祈求時都向北邊。」

十八、天同星：「完美主義、整潔、靜星」

天同星，南斗四，為天梁星的副官侍郎，其稱號「益筭保生真君」（筭，音同算），此星掌握孩童、民生物資、飲食、疾病，為戰場上提供重要軍需軍援的重要後勤官，其因不直接對到戰火第一線，因此屬於安逸之星，其性好相處且圓融，此星永遠與天機三合，與貪狼六合。

天梁星、天同星為主副二星，前者為「長生大帝」，佑其「壽」，後者為「保生大帝」，佑其「無病」，若用天梁星比喻宗教，那天同星便是醫藥。

天同星的特徵為「完美主義」，其完美主義的特質，對於工作、家庭、個人自我實現都很積極。

行運走天同星時，平安無事，稍有忙碌，較為拘謹，但因為容易被同宮星曜影響，天同星大多為輔助角，例如，與巨門同宮，以巨門為主，天同為輔。

在「多星同宮」的權重判定，皆以星官職等為準，高者為主，低者為輔，再以星曜轉速為第二準則，轉速高者為主，轉速低者為輔，若有星曜衝突，如「文武」、「快慢」等糾結在一起時，皆論為「動盪」，大多象徵「不如意」的事情，或者「不愉快」的心情。

從星象來看星曜起源，在廿八宿「胃宿」中，有一星官名「天囷」（囷，音同俊），此星官在十二宮分野為「酉宮」，《石氏星經》贊曰：「胃主倉稟五穀基，故置天囷以盛之」，天同星的安星起點也在「酉宮」，兩者都主五穀糧食。

「益筭」一詞，有添壽的意思，若是談到以「紫微斗數」來推算壽命，筆者認為明代《全書》中〈論陰騭延壽〉寓意非常深。

原文節錄於此，〈論陰騭延壽〉：「陰騭延壽生百福，雖然倒限不遭傷，假如有人，大小二限及太歲，到凶陷地，有延過壽，去不死者，還是其人，曾行陰騭，平日利物濟人，反身修德，以作善降福，雖凶不害，如宋郊編荻橋渡蟻是也，又如諸葛亮火燒藤甲軍，傷人太毒，減壽一紀，當以此參詳。」

大抵在說行善積德而延壽，為非作歹而減壽，這說明了「命運必能改變」，世間有因果，當下的作為亦會影響之後的發展。

十九、文昌星：「親和、承諾、桃花星」

文昌星，南斗五，其稱號為「天樞度厄文昌鍊魂真君」，掌握郵政、網路、通訊、消息、婚喪喜慶等，為巡使之星。

只要是「農曆九月」所出生，必定「文昌星坐命」。

文昌星，象徵著「婚喪喜慶、桃花、文書契約」，多屬於事件性質。

當文昌星坐命，因其轉速較慢，為擅長思考，也有較為優柔寡斷的特質。

文昌星的特性與「擎羊星」極端相反，如有同宮則為大衝突，如果碰上「陀羅、左輔、右弼、鈴星」則加強「猶豫」的特性，猶豫且多勞，但也有「多才多藝」的表現，屬於「能者多勞」的現象。

通論，當出現星曜衝突，代表較為凶險的事件，若是其中含有文昌星，則象徵「喪事、分手、離婚、違約」等事件。

文昌星需要「化科星、祿存星」來同宮或三合，能加強危機處理的能力，多了深謀遠慮的特性，有利解決生活中突如其來的變化，但也較慢熟，屬大器晚成。

從星象來看星曜起源，在紫微垣中有一星官名為「文昌」，位置在「北斗斗魁」天樞的正前方，故民間亦稱「魁星踢斗」，北斗有七，象徵三魂七魄，也因此「文昌星」在〈斗經〉中稱號為「天樞度厄文昌鍊魂」。

中國的「星官」類似於西洋的「星座」，將相近的星劃為一個區塊，如「文昌星官」內有六星，分別為「上將、次將、貴相、司祿、司命、司寇」。

如《晉書．天文志》中說明：「文昌六星，在北斗魁前，天之六府也，主集計天道。一曰上將，大將軍建威武。二曰次將，尚書正左右。三曰貴相，太常理文緒。四曰司祿、司中，司隸賞功進。五曰司命、司怪，太史主滅咎。六曰司寇，大理佐理寶。所謂一者，起北斗魁前近內階者也。明潤，大小齊，天瑞臻。」

以上的六星名稱，會發現與「天府天相」在〈斗經〉中的稱號多相似之處，若進一步來看這三顆星的安星起點，「天府、天相、文昌」正好為「寅、午、戌」三合，而北斗斗魁「天樞貪狼星」正好也在文昌星對宮，「排盤邏輯」與「星象傳說」不謀而合。

再說「寅午戌」為火鄉，「武曲星」與「文昌星」有共同的安星起點「戌宮」，就如《關聖帝君應驗桃園明聖經》中所提及：「吾係紫微垣中，火之正氣。火，離明象也，故主文昌。火，又烈性也，故主武曲。」

文昌星，五行屬金，象徵「太白金星」，太白金星是道教神仙，常奉玉皇大帝之命，傳達各種命令、監察人間善惡，為巡使之職，就如前述，「文昌」單一顆星，串起了「天府、天相、文曲、貪狼、武曲」等五星的位置，實至名歸。

金星是天空中最明亮的一顆行星，黎明前出現的時候，叫「啓明星」；黃昏出現的時候，叫「長庚星」，而金星總比太陽早一個時辰升起來，晚一個時辰落下，常伴在太陽旁邊；在「紫微斗數」中，太陽星的安星起點「亥宮」緊挨著文昌星的安星起點「戌宮」，文昌這時又多串起了一顆星「太陽」。

文昌星就像是星曜中的「衛星定位系統」，而對於懂紫微斗數排盤的人來說，也是很重要的一顆星，只要知道文昌的位置，就等於知道出生的時辰。

廿、天機星：「執善固執、修行、匠星」

天機星，南斗六，為文昌星之副官侍郎，其稱號「上生監簿大理真君」，為南斗最後一顆星，掌握善惡、超拔、巧藝、匠師，為真理之星，位置上永與破軍六合，與天相六害。

天機星的特徵為「擇善固執、匠星巧藝」，天機星不善「人」而善「物」，性情較為木訥，且擇善固執，五行屬木，斗數中屬木的星曜，有「天機、化權」，皆有因「固執」而導致「爭端」的狀況。

天機星也是官司相關的星曜之一，當行運走到天機星的時候，容易與人起爭執、訴訟，多是因為天機星一板一眼的緣故，坊間多數書認為天機星為智多星，並認為象徵三國諸葛孔明，但筆者倒認為，只有「揮淚斬馬謖」或「木牛流馬」這類橋段具有天機星特色，顯現了

「巧藝」、「司法」等特性，性格也偏向孔明的「堅毅不拔，忠心耿耿，鞠躬盡瘁」這部分。

天機星在多星同宮的狀態，多為輔助角色；例如與天梁同宮時，能將大為有能力的天梁，多賦予了盡忠的色彩，為組織中經理人才；例如與巨門星同宮時，勞上加勞，如有一技之長，能為國爭光；例如與太陰同宮時，則為星曜衝突較為顯著的狀態。

從星象來看星曜起源，在廿八宿中「女宿」內有一星官，名為「天津」，其星官分野近於「丑宮」，同「天機星」的安星起點「丑宮」，天津星官為一群亮星橫置於銀河之中，就像其河上的渡口，故得此名：天津。

以天機星之稱號來看，「上生監簿」一詞，確實有守住通往天界的考核意思，若將天上銀河比喻為通往天界的階梯，則天機星就是那扇門。

「上生」為佛教謂行十善者死後轉生天界的意思，「監」有監察之意，國子監為古代教育最高學府，協助科舉考核、規管士子的德行與操守，「簿」有主簿之意，主管文書簿籍及印鑑，即起草一些文件、管理檔案、以及各種印章等。

天機星不止掌管往天界的考核，也與地府功曹有關，「大理」一詞，本就有審理刑獄之意，這也是天機星較少為人知的一面。

「理」為古代對法官的稱呼，「大理寺」是古代掌管刑獄的中央審理機關；在明清兩代，「刑部、都察院、大理寺」為三法司，凡有大獄發生，刑部負責審理，都察院負責糾正，大理寺負責駁回，通稱「三司會審」。

也因此「天機星」為求真之星，掌守真理之門。

天機星象徵「太乙救苦天尊」，又稱太乙真人、青華大帝；「太乙救苦天尊」的願力，為廣渡亡魂，令其往生太乙天尊所居的「東方長樂世界」，因此在「清明節、中元節、重陽節」的時候，道教儀軌、祭祖、作醮、超度等都會請「太乙救苦天尊」作主，護佑冥界、陽界。

廿一、火星與鈴星：「突如其來之星」

火星、鈴星，為南斗輔星，在《太上說南斗六司延壽度人妙經》中稱號為「火鈴將軍」。

火星的特徵為「發旺、祝融、突如其來」。

火星在多星同宮下，為輔助角色，因此先論主星再來論火星的輔助影響。

火星本身的轉速快，適合商賈，但要留意過快而有無情現象，追求效率的過程中，會降低對情份的需求。

火星在外型上常有獨特的色彩，在人群中往往辨識度頗高。

火星與火災、燒燙傷有關，尤其落在田宅宮、疾厄宮。

火星為現代財星，主橫發，但要留意「來的快去的也快」現象。

火星搭配象徵「白手起家」的貪狼、七殺、破軍，為絕妙組合。

鈴星的關鍵字為「緊張、驚嚇、騷擾」，好比裝個電鈴在心裡，會令人煩躁，尤其是鈴星落在六親宮位。

鈴星無論坐於何宮都會賦予「緊張」的現象，例如落在疾厄宮，要留意精神緊繃、失眠等現象。

在事件上「鈴星」象徵「驚嚇事件、騷擾事件」，例如落在遷移宮，要留意車關、遇劫、騷擾。

火鈴二星的安星起點，同「將前十二星」的開頭一樣，都是依循「太歲三合」產生四種開局，可見「火鈴將軍」與「將前星」淵源之深。

火星，共有「四個安星起點」，每一年都會輪替，每四年輪一圈，輪替的順序為「寅、卯、丑、酉」，以地支次序，在卯宮有逆行的現象，卯宮為「心宿」之位，這象徵著一個非常有名的天文現象「熒惑守心」，古時候認為是「大人虎變，君子豹變」之象。

「寅午戌」火年，火星起於「丑宮」，丑為金地。

「巳酉丑」金年，火星起於「卯宮」，卯為木地。

「申子辰」水年，火星起於「寅宮」，寅為火地。

「亥卯未」木年，火星起於「酉宮」，酉為金地。

「年份五行」與「火星起宮」皆為「相剋關係」。

除了「水地年」以外，其餘的火星起點都是三煞之位，「寅午戌年天煞在丑」，「巳酉丑年災煞在卯」，「亥卯未年災煞在酉」。

「寅、卯、丑、酉」又分別象徵著四刑，寅為「寅巳申無恩刑」，卯為「子卯無禮刑」，丑為「丑未戌恃勢刑」，酉為「辰午酉亥自刑」。

《鬼谷遺文》曰：「君子不刑定不發，若居仕路多騰達；小人到此必為災，不然也被官鞭撻。」又〈玄微論〉提及：「火星旺宮為富論。」以上都說明「火星」本身的橫發特性，但「火星」又同時為「剋刑煞」所生成，「暴性」難免。

鈴星的安星起點，除了「火地年」起於「卯宮」，其餘都起於「戌宮」，此兩宮正好為「熒惑星」的主宮，所謂：「卯戌六合化火」。

火星、鈴星，其安星原理用上了「四刑」、「三煞」，都屬於「地支與地支」間的「喜忌」特性之一。

「四刑」、「三煞」示意圖如下：

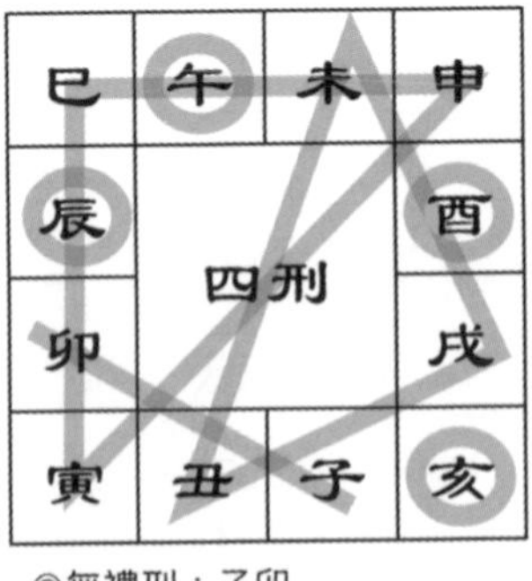

◎無禮刑：子卯
◎無恩刑：寅巳申
◎恃勢刑：丑未戌
◎自刑：辰酉亥午

◎三合中的敗地，其敗地與夾宮，便是三煞，如圖範例：巳為劫煞，午為災煞，未為歲煞。

伍、「行運」的推算方法與重點

一張命盤，可以分成「本命盤」、「大限盤」、「流年盤」、「流月盤」、「流日盤」、「流時盤」等六層。

除了「本命盤」之外，其餘五層都稱為「行運盤」。

行運盤有各自的命遷十二宮，都是在求出「流運命宮」後，逆時針佈十二宮位「命兄夫子財疾遷友官田福父」。

五層行運盤各自有不同的「命宮求法」，條件概略如下。

①大限命宮＝本命盤＋性別＋年份陰陽

②流年命宮＝年地支

③流月命宮＝寅宮宮位名＋流年十二宮

④流日命宮＝日地支

⑤流時命宮＝子宮宮位名＋流日十二宮

一、十年大限

每10個歲數，稱為一「大限」，每一個宮位都代表著一個大限，稱為「大限命宮」，理論上來說，全盤共有12個大限，相當120年，而大限命宮裡的星曜，也象徵此十年的趨勢變化。

「運氣」這詞在宋明兩代非常流行，是中醫裡五運六氣之意，原指每年的「五行氣運」象徵百姓的健康走向與可能發生的流行疾病。

這也說明運氣的好壞與「時運」息息相關，能明白大環境的走勢，而思索自己的命格與大趨勢是否同一個方向；順勢則旺，逆勢則衰。

關於「十年大限」的推算法，與裡頭隱藏的玄機：

①本命盤的命宮，也會等於「第一大限」的位置，「水二局」在2歲起限，「木三局」在3歲起限，「金四局」在4歲起限，「土五局」在5歲起限，「火六局」在6歲起限，舉例來說：水二局，第一大限所代表的歲數，為「2歲～11歲」。在起限之前，例如「1歲～5歲」，此時不以任何宮位為命宮，視為「母子同命」，孩子雖已出生，但運氣與母親連動。[7]

②單數之年為陽年，例如：「甲、丙、戊、庚、壬」之年，雙數之年為陰年，例如：「乙、丁、己、辛、癸」之年，「陽男、陰女」大限會順時針更替，而「陰男、陽女」大限則逆時針更替。此陰陽異同而影響順逆運行的概念於紫微星的安星訣也出現過一次。

---

[7] 歲數以「年歲」為基準，後面的小節會詳述。

關於「十年大限」的重要性：

①單數大限，如「第一大限、第三大限、第五大限、第七大限」，都著重於「人生選擇」。

②雙數大限，「第二大限、第四大限、第六大限、第八大限」，都著重於「晉級與昇華」。

③十年大限是最為關鍵的流運盤，勝過流年、流月、流日、流時。

傳統的論斷方式，都是「見吉星輔旺，論斷此十年吉，見凶星煞陷，論斷此十年凶」，但這樣的方法不重視人生歷程。

舉例來說，一樣是擎羊星，或許在古書裡的記載象徵凶煞，但其實不同的歲數會因為需求不同，而有需要用到擎羊星的地方。

因此，以下規範出「十年行限」的喜忌特徵，給予吉凶新的詮釋。

第一大限　家庭期 10歲左右

第一大限稱為家庭期，從讀幼稚園到國中畢業這段時間。

家庭期的行限也是命宮所在，因此也可以說命宮象徵基本性格與家庭關係是密不可分的。

此宮位的星曜，吉凶好壞沒有禁忌，人本質沒有對錯，有對錯的是社會所賦予的價值。

有些星曜，比較開放不受控制，在教育上要多些耐心：「天梁」、「天機」、「太陽」、「太陰」、「破軍」。

有些星曜，比較敏感，相處上要多謹慎，別製造太大壓力：「巨門」、「廉貞」、「忌星」、「陀羅」、「鈴星」。

第二大限　求學期 20 歲左右

第二大限稱為學業期，關鍵的高中升學考試與大學升學考試都落在這一個階段，學業的進程差異，文組或理組，科系選擇等都是深受此大限影響，象徵15歲至25歲間，約略是從國三到研究所這段時間。

初戀也差不多是這時期所發生，因此除了學業運外也深深影響愛情運。這一宮位特別適合「天府」、「天相」、「化科」等星曜進駐，不適合「化祿」、「化權」。

如果有「文昌」、「文曲」，則適合發展藝術、音樂。

如果有「火星」、「擎羊」，則適合發展體育、舞蹈。

當有「文昌」、「文曲」、「天同」、「太陰」、「太陽」、「破軍」、「天相」等星曜，有早戀之可能。

成績的好壞，與此大限是否能清心寡欲也有關聯，雖然不是主要令考試得分的星曜，但卻是很好的助攻星，像「天機」、「巨門」、「七殺」、「廉貞」。

第三大限　社會前期　30歲左右

第三大限稱為社會前期，此時期象徵25歲至35歲間的選擇困難，能否做出最佳選擇是這時期的關鍵，舉凡工作選擇、愛情選擇、何去何從的問題。

這時期「結婚」也是一個重點，這也將影響往後的命運，把命運比喻為一顆筆直前進的鐵球，當被另一顆鐵球所撞擊時，就會產生方向的改變，最能改變命運的，就是婚姻。

時間就是籌碼，光陰限定下，魚與熊掌不可兼得，追求「平衡」或「卓越」便是這個大限的課題，有些人專注於工作而讓此十年感情落空，有些人則結婚生子過著平凡的日子。

星曜分「事業型、家庭型」∞，兩邊力道的影響下，便能論斷出人生的走勢方向。

但光從「星曜類型」來判定此大限的人生選擇尚不足夠，還要考慮此一大限一個重要的要素「轉速」。

∞星曜的類型，可參照「星曜關鍵字」一章。

在25歲前，人生還不夠獨立與清醒，但當進入第三大限，25歲後，星曜本身轉速的快與慢卻帶來極大的影響。

能快速達到五子登科，而不拘泥於「選擇」而犧牲，只能透過「高轉速星曜」，高轉速的星曜象徵一天能當好幾天用，也象徵陌生開發，快速地適應環境，解除猶豫與焦慮，親力親為且風馳電掣，不只帶來比常人更多的歷練，也帶來更多的收入。

舉例來說，高轉速又具穩定性的星曜有「太陽、貪狼」適合在第三大限，還有一類是高轉速但穩定性不足，可能會因為人生腳步過快而犧牲更多，例如「破軍、擎羊」。

第四大限　社會後期　40歲左右

第四大限稱為社會後期，主要是35歲至45歲間，當上一個階段已做出決定後，到此時期的特徵是「晉升」，重心會放在工作升遷、或換一個大點的住家空間、或為孩子挑一個學區，大抵都是以上一個階段的選擇為出發點，去進化生活方式。

隨著新時代的驟變，步入婚姻殿堂的年齡層年年增高，這一個大限才結婚都稱之「晚婚」，原因不外乎經濟的壓力，亦或對社會環境的不安、對人性的不信任。

因此以晉升為主軸的第四大限，最需要平衡型、支援型星曜的協助，如「天府」、「紫微」；反而在此大限不適合單槍匹馬型的星曜，如「七殺」、「破軍」。

若大限中有過度浪漫的星曜影響，會產生心猿意馬的特質，容易造成婚變，也容易在事業上因錯誤投資血本無歸，此類的星曜有「天機」、「天梁」、「破軍」、「太陰」等。

第五大限　中年前期　50歲左右

第五大限稱為中年前期，主要是45歲至55歲間，若已婚育有孩子，這階段剛好碰上孩子的叛逆期，父母的教育方式成了孩子走向的關鍵因素，父母的言行舉止成了孩子模仿學習的指標。

所以該如何學習有效的培育及導正下一代做人處事的觀念，這十年期間非常重要。

50歲左右也稱為社會棟樑，為眾人之表率，在職場上也已佔有一席之地，但也正是如此，職場上的厭倦期來到，會在這時候有想創業，或者求變求新的心態。

這大限的後期，家人會慢慢的離開，例如：親長的壽終、孩子出外求學、父母住進養護中心、孩子結婚分家等，空巢期的到來，為人父母與為人子女的身分會慢慢卸下，重新回朔到第三大限時「選擇」的議題，在沒有孩子與父母的羈絆下，婚姻是否繼續維繫？在經濟重擔減輕底下，是否不該這麼辛勤工作？

第五大限與第一大限必定三合，類型重疊，象徵反樸歸真，此一階段需要強大的精神能量來抗壓，抗壓能力極強的星曜有「化祿」、「化權」、「化科」、「太陽」、「太陰」、「天梁」、「七殺」、「紫微」、「貪狼」、「天府」，這十顆星也是斗數中最頂尖的十星。

相反的，不適合出現精神與情緒不穩定的星曜，如「化忌」、「鈴星」、「擎羊」、「巨門」、「文曲」

第六大限　中年後期　60歲左右

第六大限稱為中年後期，主要是55歲至65歲間，銜接在第五大限之後，在調整完生活模式後，一個維持現狀的狀態，通常伴隨而來的是關於健康問題，尤其像中風等無常事件。

此一大限會重疊在本命盤上的「疾厄宮」或「朋友宮」，這兩宮也是天傷星、天使星永遠居臨的地方，象徵著死亡與疾病，這是古人以平均壽命整理出來的神煞星。

第六大限中不宜見到象徵「發病」的星曜，如「巨門」、「破軍」。

因為又回到「晉升」的狀態，因此需要有升遷特質的星曜，但又不宜過勞的類型，輕鬆的升遷星曜，有「紫微」、「天府」。

第七大限　晚年前期　70歲左右

過了65歲，對時間的感受度，會回到第一大限時，如夢境一般的歲月，時間被拉得很長，有句話說「人生七十才開始」，一切都回到最原點，這時期也是需要陪伴與安養的歲月，通常也是兒孫滿堂的時候。

退休三部曲，第一階段是「休而不退」，或許還在職場上屹立不搖，但能做的事卻很輕鬆；第二階段是「退而不休」，離開了職場，找些休閒活動；第三階段是「真正退休」，被動的去應付些日常生活的需要。

第七大限開始的往後宮位，都需要「承接」「人緣」類型的星曜，有確保有後援與家庭凝聚力，如「天府」、「天相」、「天梁」、「天同」、「武曲」、「紫微」、「太陰」。

二、五年限法

十年大限中，可以切成「前五年」與「後五年」，前五年受「前一大限」的影響，為前一大限餘氣，後五年受「後一大限」的影響，雖行限年份未至，但氣走於前，為醞釀之氣。

如圖，等同於，每一個年份，都必定受到「兩個大限」交疊影響，一個為「本限」，另一個是已過或未至的「輔限」。

明代古書到了清代，流傳出兩種說法，一者為「命宮不起大限」，另一者為現在流行的「命宮起第一大限」。

這邊以「五年限」的概念來陳述，「第一大限」便會影響到「起限前的一到五歲」，以及「第二大限」的「前五年」，這也說明了，無論「命宮起不起大限」，其命宮都會影響「行限前、第一限、第二限」，這便是「五年限法」精妙之處。

「五年限法」的重要性，在於讓「大限宮位」有更細膩的判讀，筆者對於「五年限」的發現與實踐，來自於觀察許多事件的發生，都不見得會在「應該發生的大限範圍內」，但偏差也不超過五年，進而覺察到「大限與大限」之間並非是「交接」，而是前後運程的「交疊」。

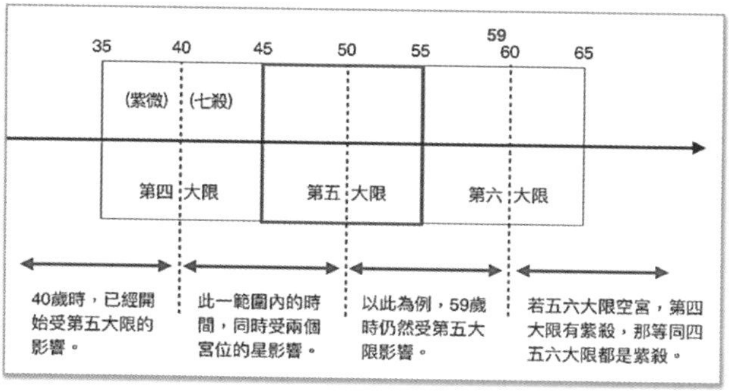
35
40
45
50
55
59
60
65
(紫微)
(七殺)
第四 大限
第五 大限
第六 大限
40歲時，已經開始受第五大限的影響。
此一範圍內的時間，同時受兩個宮位的星影響。
以此為例，59歲時仍然受第五大限影響。
若五六大限空宮，第四大限有紫殺，那等同四五六大限都是紫殺。

三、流年與流月

流年談的是年度運勢，這部分跟論「本命盤」有很大的不同，比較著重在推理事件的發生，以及需要避免的風險項目。

流月在流年之下，探究是整年度中，哪些月份比較需要留心，通常是從流年來看有狀況的地方，再從流月去推敲發生的時間。

「流年」的計算方式與意義

斗數中的「歲數」計算採用「年歲」，不是「實歲」也不是「虛歲」。

「實歲」是指法律年齡，出生滿一年才算一歲，以陽曆為基準。

「虛歲」是指出生時就算一歲，每滿一年加一歲，以農曆為基準。

「年歲」是指出生時就算一歲，每過一個「年節」，就多一歲，同一個生肖的歲數都會一樣。

古今「跨年」的代表日大有不同，奇門遁甲便以「冬至」這天跨年，十二生肖便以「立春」這天跨年，而中國新年則以「大年初一」這天跨年，現代又流行以「元旦」為跨年。

立春，約莫在每年陽曆的2/4、2/5，生肖以此為依據。

紫微斗數所使用的「年歲」，跨年為「大年初一」。

關於斗數使用「年歲」所隱藏的哲學意義，年「節」通「結」，起源於古人結繩記事，亦通「劫」，年關難過，往往飢荒與天寒地凍就難保能平安度過，因此「年歲」又象徵著「人一生中已歷經幾劫」，出生時先已過一關生死，因此出生算一歲，每過一個冬天，就紀念性的再多一歲，以「劫數」去象徵歲數。

出生年的地支宮位，就是出生那年的流年命宮，例如「丙申年」出生，「申宮」就是「1歲」的流年命宮，再以順時針方向輪替，「酉宮」就會是「2歲」的流年命宮，依此，命盤十二宮，循環一圈共十二年。

由於以12年為循環，因此每12年發生的流年事件會有雷同的地方，可以試著把「歲數」內所發生的重要事件，註記在流年命宮旁，這樣能幫助釐清星曜所代表的事件，有助於推論未來。

「流月」的兩種計算方式：「月令、斗君」

農曆的正月，又稱為「寅月」，而命盤中的地支「寅宮」為永遠正月的象徵，環繞命盤一圈，正好十二個月，如果要論季節性的問題，例如：命格中比較興旺的季節？寒暑假的假期出遊吉凶？每年每季的定期投資好壞？等固定性的議題，都用基本的「地支月份」去論即可。

十二地支所象徵的月份示意圖：

四月 巳宮	五月 午宮	六月 未宮	七月 申宮
三月 辰宮			八月 酉宮
二月 卯宮			九月 戌宮
正月 寅宮	十二月 丑宮	十一月 子宮	十月 亥宮

在推論「流年」時，要更加仔細的去推論「流月」時，就不能用「地支月份」，而要用「斗君流月」。

「斗君流月」也是較為主流的流月命宮推算法，照下列步驟即可推出「流月命宮」：

①取本命盤中「寅宮」的宮位名稱，如：寅宮為「夫妻宮」，那「夫妻宮」，便是永遠的「斗君」。

②以「流年命宮」為主，逆時針佈十二宮：命、兄、夫、子、財、疾、遷、友、官、田、福、父。

③「斗君」所在的「流年十二宮」，就是「正月命宮」，舉例來說，斗君如果是夫妻宮，每年的「流年夫妻宮」都是「正月命宮」。

④「正月命宮」的順時針下一宮，就會是「二月命宮」，再下一宮，就會是「三月命宮」，循環一圈。

需注意，四化飛星，都是以「斗君流月」為準，前述的「地支月份」，又稱「月令」，只是看流月的基本面，細節面必須使用「斗君流月」。

範例，如下圖，當「本命盤」寅宮為「兄弟宮」時，無論哪一年，流年的「兄弟宮」，都當作流年的「正月命宮」。

四、流日與流時

在紫微斗數中的「流日」與「流時」，其主要應用在「談判」、「斡旋」、「投標」、「手術」、「告白」等重要時機點的選擇上。

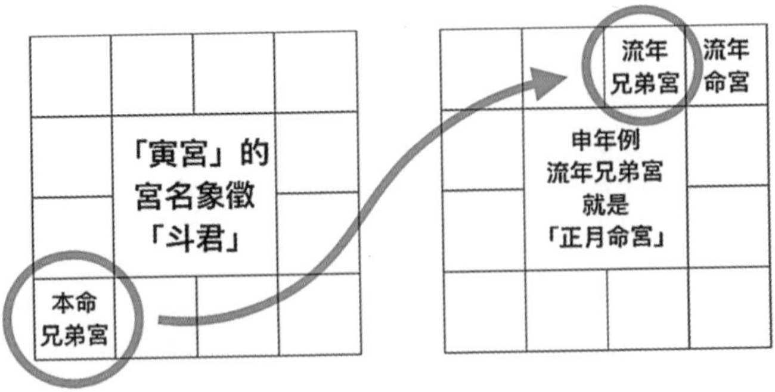

傳統的流日命宮取法與其缺點

舊法是在「流月命宮」上起「初一」，順時針，每一宮象徵一天，一圈剛好12天，一個月大抵兩圈半。

缺點之一，跨月份之間的日期沒有連貫性，當一個月結束後，會重新調整「初一」的位置。

缺點之二，在於本書第一章所描述的「日月合朔」，全球對於「初一」的對應陽曆日期不是同一天，這讓流日變的渾沌，尤其在跨國飛行的時候。

基本上如果「演算法」會準確，方法就會沿用，當不準確就會被修正，筆者所用的流日命宮，是用新法，已棄用此法。

新的流日命宮取法與其優點

日支命宮，是根據每天在農曆上的日支，來定命宮位置。

可在筆者網站「sdayao.com」下方「應用連結」點「今日地支」查詢，通常顯示的是今日的八字，如下圖圈起處便是「當日地支」。

當日地支為「未」，命盤上頭的「未宮」便是流日命宮。

這樣的方式，不理會月份而讓流日單獨運行，十二地支在日期上週而復始，象徵大趨勢，主要在擇日上、流時推行上可以較能準確地發揮作用。

關於流日的準確性，可以觀察「火星」的位置來佐證，當流日命宮中有「火星」，其脾氣會有較差的狀況。

丙申年農大十二月二十四日
丙申年辛丑月戊申日大寒

「星期幾」對流運的影響

現代人的生活作息受到「一星期七天」的影響，這是介於「流月」與「流日」中間的流運單位。

「北斗七星」與「星期日～六」的對應示意圖：

本圖使用上很簡單，例如「流日命宮」為天梁星，而這天為星期四，對應圖示為「廉貞星」，天梁象徵自由，廉貞象徵約束，比喻自己想放鬆，但這一天的行程較為緊繃，自然心裡便覺有些不自在。

星期六	星期五	星期四	星期三	星期二	星期一	星期日
破軍星	武曲星	廉貞星	文曲星	祿存星	巨門星	貪狼星

「流時」的改良與發現

流時的命宮取法很多種，但多半經不起考驗，筆者在這上頭花了很多時間研究與實證，最終發現一種獨特的演算法。

新流時法，雷同於「斗君」的概念，稍有不同處，是將「斗君」的位置由「寅宮」改為「子宮」，其道理，一年之初在於「寅月」，而一日之初在於「子時」。

以本命盤上「地支子」的位置，其宮位名稱，便象徵「日斗君」，而「日斗君」對應「流日十二宮」，其宮位便定為「流日子時」。

範例，如下圖，當「本命盤」子宮為「兄弟宮」時，無論何日，流日兄弟宮，都當作流日的「子時命宮」。

流運的時間觀，「年」與「日」都是一個連續面，而月份是年份的切割面，時辰則是日子的切割面，以此方式將「流月斗君法」化衍為「流時斗君法」，吉凶判定的準度非常高。

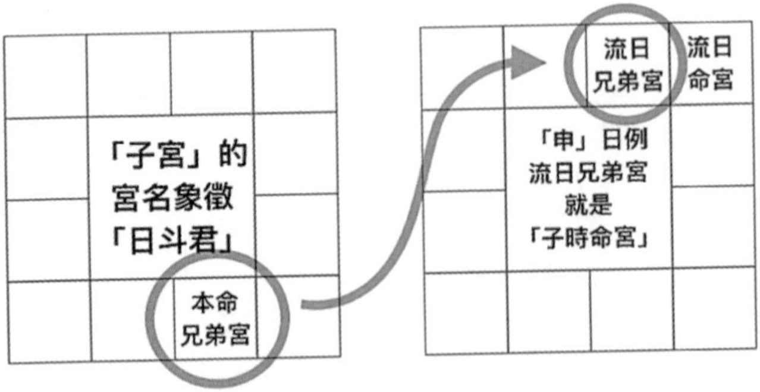

陸、讓斗數更加精準的「飛星訣」

過去在進行貧富差距的命盤研究時，令人訝異的發現「收入」與星曜「轉速」成正比，假設年收入50萬是正常轉速的情況（2016台灣均收），年收入500萬的命格其星曜轉速是10倍速，一眼望去，命盤之中只剩速度感，沒有吉凶，關鍵宮位的轉速越快的越是有錢，親情、愛情、友情的相關宮位轉速越快越是令人孤獨。

因此得出一個結論，「速度才是一切」，同樣的廿四小時，有人已繞了半顆地球在做生意，有人放空了一整天，快慢只是一種生命形態，沒有好與壞，只是在命學的角度，夠能理解命運的形狀，不再只是吉凶而已。

星曜本身有轉速快慢之別，但要「倍增」或「倍減」全靠「四化飛星」的加減計算，這也是本章最重要的地方。

一、化祿原理探源

先明白「化祿」的產生原理，才能真正的認識「化祿」，「化祿星」源自「洛書九宮」。

坊間對於四化原理多有著墨，但筆者認為洪上智先生所提出的「化祿原理」為目前最完美的論證，因此本書以「洪上智化祿原理」為基礎，製作了「化祿原理圖解」。

化祿原理圖解如下。

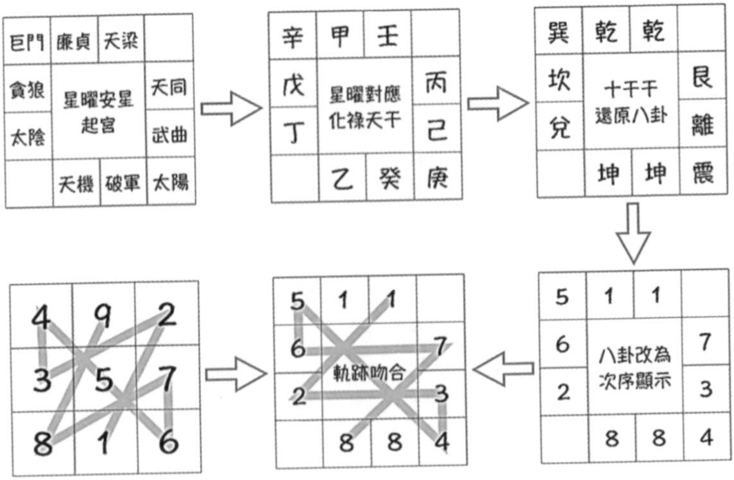

圖解中用了幾個「術數原理」，首先是「十干還原八卦」，這一個原理出自於「京房納甲」，在西漢（西元前50年）有一位出名的術士，名叫「京房」，替人算卦很精準，他所獨步天下的招式就是把「八卦」對應了「天干地支」，再用「干支」的陰陽五行來解釋「卦象」。

關於「八卦」對應「天干」如下圖：

另一個原理為「先天八卦次序」，關於這一個次序的由來，可從朱熹談起，朱熹是南宋人，約莫活躍於12世紀，他研究易學後提出一個結論，認為活躍於10世紀的陳希夷，將易學的精髓傳給道友，而後將其精髓發揚光大的人，是活躍於11世紀的邵雍，邵雍是北宋非常著名的易學研究者，一代奇才，將「數理」與「易理」結合，著作了《皇極經世》一書，透解天地玄機，而「先天八卦的次序」便是邵雍所說的。

先天八卦次序：「乾、兌、離、震、巽、坎、艮、坤」

卦	乾	坤	艮	兌	坎	離	震	巽
天干	甲壬	乙癸	丙	丁	戊	己	庚	辛

最後一個要談的原理，為「洛書九宮」，這來自一個古老的傳說，在春秋戰國時期的典籍中記載了，大禹治水時從洛水中一隻神龜的背上所得到的圖，大禹為西元前 2150 年左右的人，距今也有四千年的穿越，但在10世紀陳希夷之前只有文字，未曾有過圖樣，是陳希夷創作了一連串的易學圖樣，才有現在的洛書圖，但中間出現諸多版本，而真正底定版本的人，還是朱熹，至今就都沒再變過了。

「洛書」＋「九宮」示意圖：

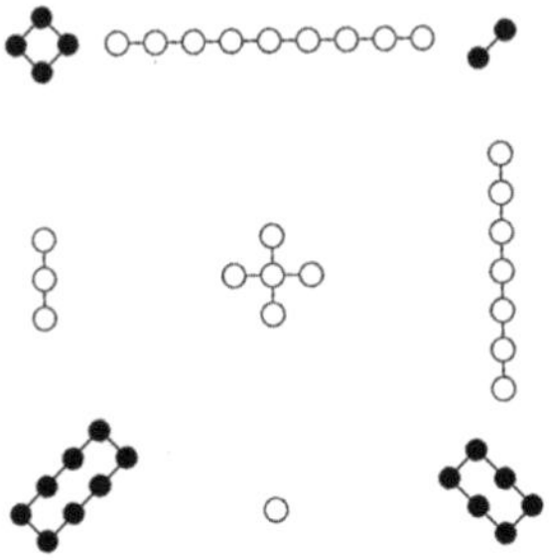

4	9	2
3	5	7
8	1	6

說明完原理，再回到「化祿圖解」，一定就能明白「化祿」的生成其實是一連串的哲學思路，目的就為了揉合「十干、八卦、九宮」。

「化祿星」象徵卦象：地山謙

洛書九宮，不論是「直、橫、斜」，加起來都是「合十有五」的概念，與「洛書」齊名的「河圖」，圖樣的中心便是「五、十」之數，五與十都象徵「中央土」，這是化祿之五行屬土的由來。

以化祿圖解來看，安星起點沒有化祿的地支有：寅、申，探究其原因，紫微起點在寅，而局數決定了紫微星的位置，局數由「水二局」至「火六局」，寅宮為序一、申宮為序七，局數無一七，故寅申無祿。

河圖中央「五、十」為土，奇數為陽，偶數為陰，因此下卦寄陽土「艮」，上卦寄陰土「坤」，合為「地山謙卦」，此卦為祿星的功能索引。

「河圖」示意圖：

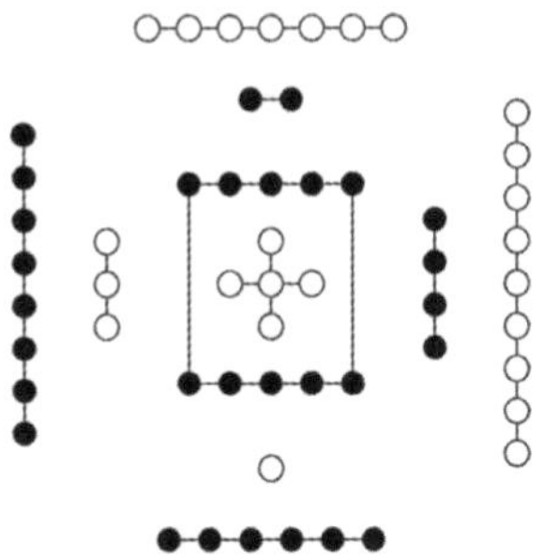

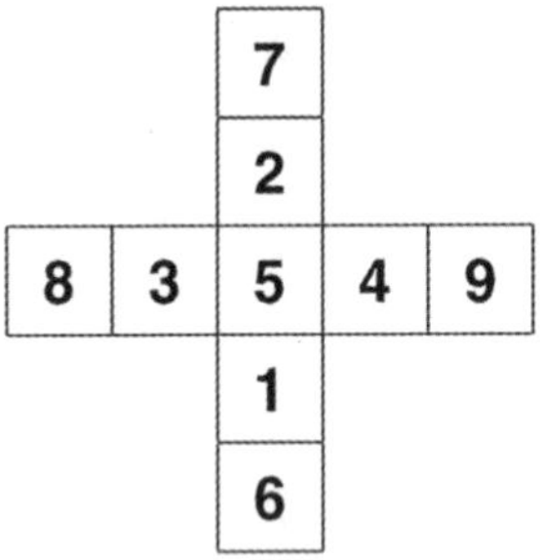

謙卦的六爻都沒有呈凶之象，是六十四卦中最獨特的地方，《易經．彖》曰：「天道虧盈而益謙，地道變盈而流謙，鬼神害盈而福謙，人道惡盈而好謙」，意思是，天地的法則，太滿會有損失，低調則能長久，無論在形而上或形而下的道理都一樣，就如同世間，眾人總愛謙卑的人而不愛自大的人。

祿星象徵著「平衡」，從平衡中帶來「發展」。

宮位的吉凶不在於星曜性情，而在於同宮中有「星曜衝突」，例如，廉貞的守舊，貪狼的前衛，同宮便有矛盾，但只要任何一星帶有「化祿」則能保持平衡，解除矛盾。

「化祿星」重點提要

其所化者有四，祿、權、科、忌，可表意「元亨利貞」，亦可表意「吉凶悔吝」。《全書》中所記載：「化祿為福德之神」。

化祿，本身就是象徵「冠軍」，所謂三元及第，元的意思就是龍頭，令其星曜產生非常高的轉速，祿星越多，福祿之氣越是明顯。

化祿除了生年祿星之外，可從「三方四証」來「化虛為實」[9]，至於七殺、天府此二星雖不化祿，但本身就具有「高轉速」特性，七殺開創，天府承接，速度都勝於化祿。

---

[9] 三方四証、化虛為實，都是後面的飛星訣竅，會再詳述。

有些說法為祿星不喜敗地，又有說不喜馬地，究竟何者才是正確？原因出在，「化祿」與「祿存」之差異，這兩者的特性完全不同，「化祿」喜歡落入的宮位為庫地，而非四馬地，古書提到的「祿馬交馳」所指為「祿存星」並非「化祿星」。

另外古書所言「生逢敗地，發也虛花」，意思是，星處於「敗地」發旺也是虛榮，這點在「化祿星」上非常明顯，但是「祿存星」的本質吝嗇，入於敗地，剛好平衡。

化祿星，不限制位置，都是多多益善，化祿具有化解「星曜衝突」的能力，任何雙星同宮，其實大半有著星曜衝突，往往徘徊在進退兩難的十字路口，但「化祿」則能立即指明方向。

以「廉貪同宮」為例子，廉貞象徵安守舒適圈，貪狼象徵白手起家，特性相反，當沒有化祿時，進退兩難，但如果其中一顆星化祿，則能「揉合」兩種星曜特性，如：繼承家業而後創新，如：以SOP打造企業開創事業王國。

當有宮位需要「化祿」而沒有「化祿」時，可以用星曜反找其「宮干」，逆向去找改善困境的辦法。

例如：命宮「廉破同宮」，其星曜衝突為「安守＋善變」，宮中沒有化祿揉合，徘徊於十字路口，這時候可以逆向去找「令廉破化祿」的「甲干、癸干」，其天干所在的宮位、地支，都是突破困際的線索。

二、化權原理探源

如果把接下來的四化原理看過一遍，會發現「化權、化科、化忌」的原理都是站在「化祿原理」基礎上，去做變化的。

「化權、化科、化忌」三個原理，邏輯系統都比「化祿原理」更加複雜，但只要用一些基本的「術數原理」，都能化繁為簡。

「十天干」比「八卦」多出「兩個位置」，這造成「四化原理」錯綜複雜的主因，因此筆者將多出來的兩個位置「壬、癸」兩天干，另外獨立做成一個章節來解說，這樣四化原理就會回歸於單純。

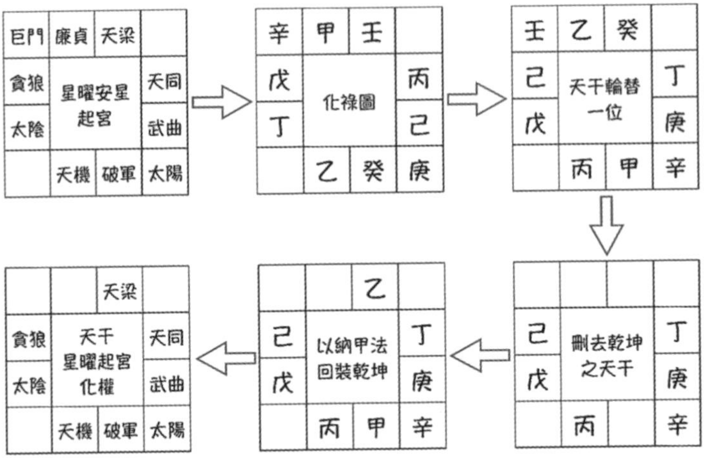

化權原理圖解：

化權圖解中，首先要解釋的是「天干輪替一位」，就是「甲」變成「乙」，「乙」變成「丙」，「丙」變成「丁」……，這樣輪替的意義，是繼「化祿」象徵「冠軍」而來，「化權」象徵著「亞軍」。

因此「化權星」的轉速為「化祿星」的一半，但依舊是「高轉速」星曜。

在天干輪替的過程中，「壬癸」銜接「甲乙」，等同乾坤重疊了一次，這使得八卦的次序混沌，因此下一個步驟是「刪去乾坤之天干」，也就是「壬癸甲乙」。

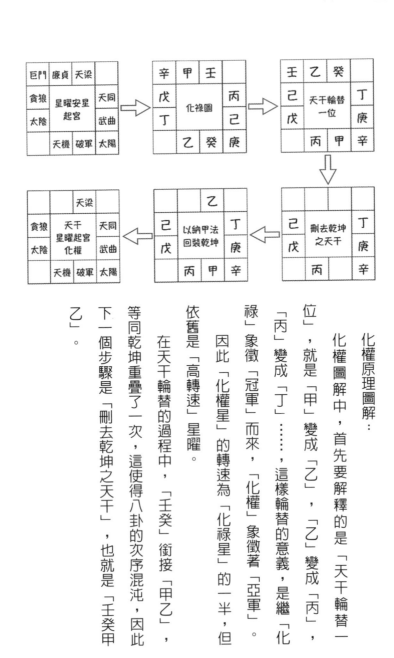

關於「壬癸」的化權處置方法，後面會有獨立章節來說明，至於「甲乙」則用「納甲法」回裝進去宮位，納甲法就是前面有提過的「京房納甲」。

在「京房納甲」中，每一個卦象，都有配合的「天干地支」，古代留有歌訣：「乾金甲子……坤土乙未……」，從歌訣可知，「乾卦之甲」帶入「子宮」，「坤卦之乙」帶入「未宮」，最後便如「化權圖解」中所示，天干對應的星曜起點便是「化權星」。

「化權星」象徵卦象：雷地豫

化權為化祿的延伸。

《易經．序卦傳》：有大而能謙必豫，故受之以豫。

謙卦與豫卦互為「綜卦」，「綜卦」指一體兩面。

「雷地豫」卦為化權的功能索引。

「雷地豫」卦之內為「坤卦」而外為「震卦」，有諸內必形諸外，「震卦」五行為「陽木」，此為化權星五行屬木之來由。

《易經．彖》曰：豫，剛應而志行，順以動。

所謂的剛與動皆是形容「豫卦」中之「震卦」，「順」則是形容「豫卦」中之「坤卦」，這部分說明了「化權星」具有剛動的性質。

《易經．繫辭》：重門擊柝，以待暴客，蓋取諸豫。

柝，是夜間打更用的梆子，重門擊柝指設置重重門戶，夜晚敲梆巡更，比喻「嚴於提防」，這部分說明「化權星」具有嚴密戒備的特質。

《易經．卦辭》豫，利建侯行師。

分封諸建其侯，用以守衛王道，「化祿星」為君，「化權星」為相侯將士，「祿權巡逢」是為「君臣慶會」。

「權利」與「義務」的關係正如同「化權」與「化祿」，沒有「化祿」相會的「化權」，如同沒有履行「義務」自然喪失「權利」，富貴便沒有完整性，易形成「債務」作結。

「化權星」重點提要

權星不適合單獨存在，最好會見化祿。

「化祿」與「化權」是天造地設的一對，無論二星會見的形式是「同宮」、「三合」、「朝照」、「夾命」都很好，而力量級別為（祿權同遷移照命）＞（祿權雙飛於財官）＞（祿權於父兄夾命）＞（祿權同宮於命）＞（祿權於夫福拱遷移），以上五種級別僅針對「祿權」的組合，不包括科星，凡是高轉速的星曜皆應以遷移宮為重，能商賈致富。

權星本身象徵債務，而債務並非潦倒的意思，也有利用財務槓桿致富之可能，例如：買屋貸款、創業集資等，需要有野心的項目，都需要權星來加強轉速，只要有會合化祿，則有發富之機會。

權星最具威脅的地方，就在利用債務挾持債主，借貸這事，欠錢的怕還不了，債主比欠錢的還怕拿不回來而虧損，因此權星會合科星或忌星時，則有可能出現週轉不靈的現象，祿權同宮不喜再逢科，其化祿反被化權所傷。

化權星的五行屬木，木性端直，過直則無情，因此喜「申子辰」三合水局，會合水局，則令化權去除孤煞之性，使之平衡，又喜四庫地，庫地特性內斂務實，與權星屬性相合。

《全書》中所記載：「化權為掌判生殺之神」。

權星亦有威權的特徵，尤其落在六親宮位，象徵距離感與緊張的氣氛，若有會合文曜如昌曲科星則會令氛圍轉為和緩。

祿星與權星皆不適合在「第二大限」，因為特性與此大限注重「科名學業」的立場相違背，不只祿權，大限內有轉速較高的星曜，如七殺、貪狼、太陽，都容易「早年就業」。

權星多勞，且靜不下來，尤其落入命財官時，顯得勤奮，這也是事業成功的關鍵要素。

關於「四化」的五行，坊間流傳一個說法：

春天屬木，象徵四面八方的生長，主化祿；夏天屬火，象徵火之炎上的氣焰，主化權；秋天屬金，象徵收斂凝聚而銳利，主化科；冬天屬水，象徵水往低處流的謙卑，主化忌。

基本上，四化與四季並無太大關聯，筆者以「易學」為本，已證實古書所言：「祿土、權木、科水、忌水」為正確，與星曜性情也較為相合。

當多星同宮時，帶有「化權」的星曜，其星曜的特性會是最突出也最顯著。祿權同宮，只會有五種可能：甲干廉破、乙干機梁、丁干陰同、己干武貪、辛干巨陽。大抵分析如下：

◎廉祿＋破權：廉貞的固執因化祿而柔軟，破軍則因化權而彰顯其適應性，廉貞的邏輯強且理性，補強破軍之不足，帶著文科特性的開創者。

◎機祿＋梁權：天機的星官等級本來就比天梁來的低，但具有的匠性巧藝是天梁所缺乏，因此以其祿來補強天梁之權，能凡事親力親為。

◎陰祿＋同權：太陰之逸樂，受化祿之土性影響而收斂，支援了天同星的完美要求之天性，太陰的創意與美麗對於天同而言是很好的加分。

◎武祿＋貪權：武曲本質就是紀律，化祿之後更加強其性質，抓住貪狼星過度辛勞的浮動性，讓工作表現更加持久有耐心。

◎巨祿＋陽權：巨門有關照他人的性質，當化祿後表示互惠互助，且言語較為溫暖，確實支援了太陽星，讓其命格更具生命力與熱情。

三、化科原理探源

化科原理在理解上比較困難的地方，是加入了「左輔、右弼、文昌、文曲」，以及「太陰」雙化科。

「太陰雙化科」的原因，在「壬癸」這兩天干獨立作為一個章節探討後，迎刃而解。

其餘部分，後面會用一些基本的「術數原理」來說明，關鍵在兩幅「八卦圖」與「京房納甲歌訣」。

化科原理圖解：

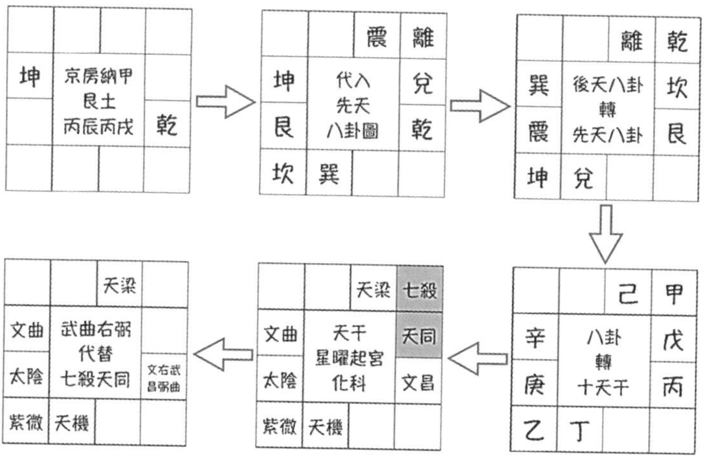
坤
京房納甲
艮土
丙辰丙戌
乾
震
離
坤
代入
先天
八卦圖
兌
艮
乾
坎
巽
離
乾
巽
後天八卦
轉
先天八卦
坎
震
艮
坤
兌
己
甲
辛
八卦
轉
十天干
戊
庚
丙
乙
丁
天梁
七殺
文曲
天干
星曜起宮
化科
天同
太陰
文昌
紫微
天機
天梁
文曲
武曲右弼
代替
七殺天同
太陰
文右武
昌弼曲
紫微
天機

四化的「祿、權、科、忌」全是透過「八卦圖」而生成，但必須先定位「乾坤」在十二宮的位置，再把「八卦圖」放進去。

四化的「乾坤位置」都是由「京房納甲歌訣」來決定的。

這張圖的右側為「甲干、乙干」的「四化原理」中「乾坤」的位置，其位置地支，全部都連結到了「乾坤艮兌」四卦，這說明了「四化表」只用了「半部歌訣」，這半部正是「西四卦」，也象徵「北斗」，就先前所說的「斗君故事」，北斗主人生死，這強調了「四化」的重要性與必要性。

「化科原理」的「乾坤」起點在「辰戌」，從上一張圖可以知道，「辰戌」為「艮卦」的歌訣，在更前面的「八卦與十天干」對照表，「艮卦＝丙

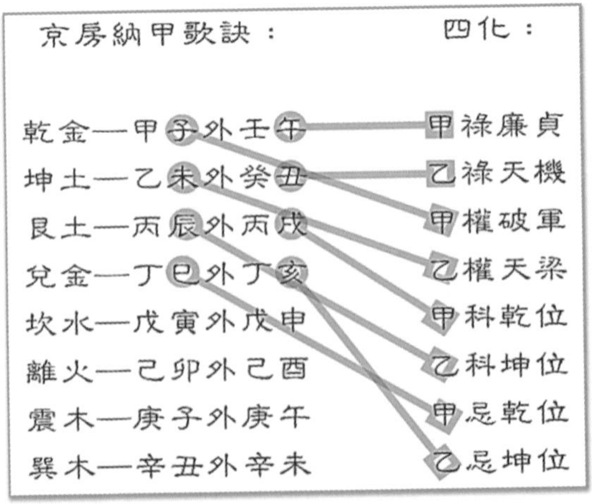

干」，丙為天干次序三，化祿象徵老大、化權象徵老二、化科則象徵老三。

有了「乾坤」位置，就可以代入「八卦圖」，八卦圖有兩種，圖示於此，上面為「先天八卦圖」，下面為「後天八卦圖」：

四化的原理都是統一代入「先天八卦圖」，化科原理在代入八卦圖後，還多了一道步驟，「後天八卦」轉「先天八卦」，這個「八卦互轉」的方式，不只在紫微斗數出現過，在

風水學中也常被應用，轉換的方法很簡單，如前述的兩個八卦圖，相同位置去置換即可，舉例來說，要「後天轉先天」，「後天八卦」右上角的「坤卦」，直接換成「先天八卦」右上角的「巽卦」，「化科原理」中的「後天轉先天」，道理一樣，套用看看便會明白。

轉換後的卦象，再用之前提過的「八卦轉十天干」，便大功告成。

最後的「七殺星化科」換成「武曲星化科」，「天同星化科」換成「右弼星化科」，置換的原因是「七殺、天同」位置為「申酉」與「科星」性質不符。

置換法符合「卦序」與「五行相同」，武殺皆屬金，同弼皆屬水。

「化科星」象徵卦象：山水蒙

化科原理，引用了「納甲艮宮歌訣」、「後天八卦」。

艮卦為山，坎卦為水，化科象徵「山水蒙」卦。

化科星的安星起點有七成皆在四庫地，而古時候的科舉多在四庫年舉辦，清代乾隆皇帝主持的百科全書亦稱為四庫全書。

後天八卦有著強烈的方位指向性，也因此為地理風水的羅庚基礎，用在化科確實有著象徵人生指南的意味。

蒙卦有教育意味，山水蒙卦，以水為本，這是化科屬水的由來。

《易經．象》曰：山下出泉，蒙。君子以果行育德。

化科具有德化功能。

《易經．彖》曰：蒙，山下有險，險而止。匪我求童蒙，童蒙求我，志應也。初筮告，以剛中也。再三瀆，瀆則不告，瀆蒙也。蒙以養正，聖功也。

「化科星」能令風險降低，具有解厄之功，有好為人師之性，善教導，具有機巧地明辨他人虛實的功能，天生難墮惡途。

「化科星」重點提要

雖已證明「庚陽武陰同」之正確性，但以易學角度，庚干「太陰化科」真的沒有用其他星假借的可能性了嗎？

「武曲、右弼」既然能代替「七殺、天同」，其庚干的「太陰」如果為了避免兩次化科，可用安星起點在寅宮的「天府星」來代替，這不違背八卦的次序，但由於天府屬土，太陰屬水，五行有異，因此目前四化表主流還是讓「太陰化科兩次」。

《全書》中所記載：「化科為上界應試主掌文墨之星」。

科星象徵著「學習、考試、讀書、名望」，基本上只要是文星都具有類似的特質，但還是有強弱差異，文昌與文曲都沒有科星來得有作用力。

科星也是慢速的星曜，有耐心、謹慎、沉著、冷靜、有想法，下一步棋可推敲之後好幾步，因此在做決定也會需要較久的時間。

科星對愛情的影響，擇偶會有較猶豫的現象，但由於是深思熟慮的結果，不用擔心交往的時間久卻沒有嫁娶的可能，但需要擔心的是與前任的藕斷絲連，因為科星富同情心，較易心軟。

科星也象徵宗教信仰，也象徵科技應用，這兩種特質都賦予了化科有著強大的解厄功能，例如：過去無法醫治的疾病可以透過科技來得救、網路社群改善交友困境、資訊流通讓宗教與修行方式多元化，這一切都說明了在「科星」底下沒有真正的困境，科星可以說是解除厄運的萬靈丹。

四、化忌原理探源

「化忌原理」與「化科原理」，兩者的邏輯非常類似，星曜特性也很一致，都屬於「轉速慢」的星曜，五行都屬水。

八卦圖除了「先天」與「後天」較廣為人知，這邊引進了第三幅較為稀罕的「歸藏八卦圖」，沒有第三幅八卦圖，化忌原理並無法被破解。

化忌原理圖解之一：

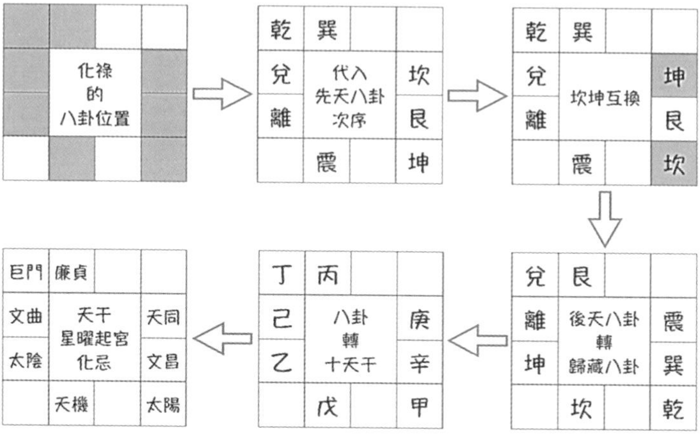

化忌的「乾坤」定位，是用「納音歌訣：兌金丁巳外丁亥」所定出來，「兌＝丁」丁為天干次序四，化忌為老四，乾坤定位在「巳亥」。

依「乾坤位置」代入「先天八卦圖」，接著交換「坤卦」與「坎卦」，這個「交換」很有意思，如果不交換，會得出「庚陽武陰陽」，庚干太陽化祿又化忌的現象，這會令四化表混亂，因此也可以發現，歌訣只用了半部，確實有其道理，再使用下去，會出現一堆重複的。

簡單的描述就是：為了讓太陽星在四化表中合理的呈現，必須得修正「坤卦」位置，利用了「坎卦」與「坤卦」在「先天、後天」兩張八卦圖中的位置一

圖解之二

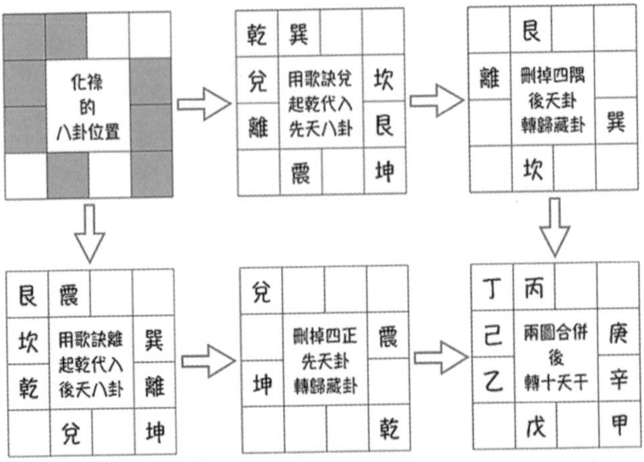

樣，而進行「卦轉」，兩宮互換後，四化表更加完美。

「坎坤互換」，有更深的意涵，為避免冗長枯燥的描述，僅以上頁圖解之二交代。

「坎坤互換」之後，依循「後天八卦圖」轉「歸藏八卦圖」就能得出「化忌星」，卦轉的方式與「化科」所用的卦轉一樣，比對這裡的兩張「八卦圖」，上面的「後天八卦圖」中各個位置，直接比對下面的「歸藏八卦圖」中相同位置，去交換即可。

透過兩張「八卦圖」交換完畢之後的新卦象，轉成十天干，其天干對應星曜的安星起點，就是其「化忌星」。

這邊舉一個例子：在代入納甲歌訣後安佈先天八卦，「巳宮」為乾卦，「後天圖之乾」位置同於「歸藏圖之兌」，納甲中「兌＝丁」，巳宮為「巨門星」的安星起點，因此四化表[10]：「丁陰同機巨」，「丁干」為「巨門星化忌」。

四化原理至此已全數破解。

「化忌星」象徵卦象：四大難卦

化忌原理，引用了「納甲兌宮歌訣」、「歸藏八卦」。

忌星的五行歸於水，更有「坎為水」卦的意志。

繼納甲之「兌」而來，兌卦為澤，坎卦為水，化忌亦象徵「澤水困」卦。

---

10 四化表，可參閱「心算排盤」章節。

繼「化科」的「蒙卦」而來，「屯、蒙」互為綜卦，因此「化忌」又為「水雷屯」卦，

《易經．序卦傳》提到：屯者，物之始生也，物生必蒙，故受之以蒙。

歸藏，以象徵「五行土」之「坤艮」為本，忌星起於巳宮，收在「艮卦」，艮為山，化忌又為「水山蹇」卦。

以上，正是易經六十四卦中著名的「四大難卦」：坎卦、屯卦、困卦、蹇卦。

列舉易經中對於這四個卦的一些描述：

〈坎卦，彖曰〉：習坎，重險也

〈屯卦，彖曰〉：屯，剛柔始交而難生，動乎險中

〈困卦，彖曰〉：澤无水，困

〈蹇卦，彖曰〉：蹇，難也

關於「化忌」之險，大抵有數。

「化忌星」重點提要

《全書》中所記載：「化忌為多管之神」，多管的特質，並無吉凶，在公司位子當的高，管得多自然正常，位子低又管多自然不討喜。

忌星用了「歸藏八卦」，此八卦圖為「先天八卦」的倒裝，全部逆位，若簡單的比喻化忌，化忌就是「逆風而行、逆爭上游」。

化忌原理中，最初是以「巳宮、酉宮」定位「乾坤」，這部分有星曜在安排上的隱喻，當「巳宮」為「太陽星」，「酉宮」必為「太陰星」，此時，「紫微星」必定在「申宮」，但是紫微星的安星起點在「寅宮」，「寅申二宮」是六沖的關係，紫微星居於最險之位，紫微為衆星的起點，因此「化忌」也象徵著「顛顛倒倒」。

忌星「轉速極慢」，具有蹉跎的性質，尤其在與文星同宮時，稱為「相處折磨苦」，當被忌星正沖時，稱為「求不得苦」。

「化忌星」不愛與「化祿星」糾結在一起，通常「轉速慢」與「轉速快」的星曜本身就不適合同宮或遇上。

「化忌星」也不適合「寅午戌三合火宮」，火宮的速度感快，化忌星則慢，星宮性質相斥不吉。

五、壬癸之四化原理探源

由於「十天干」對應「八卦」後會多出兩個天干，因此這兩個天干的四化邏輯不同於其他八個天干。

「壬干、癸干」之四化圖解：

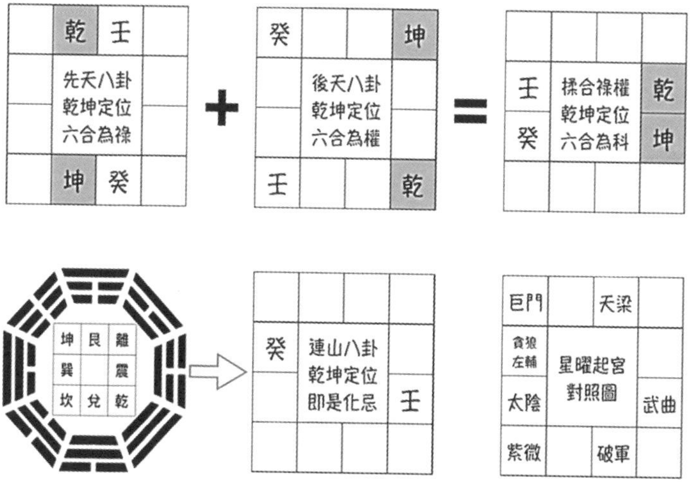

「化祿」，取「先天八卦」乾坤位置的「六合」，把天干對應「星曜起點」，壬干「天梁星化祿」，癸干「破軍星化祿」。

「化權」，取「後天八卦」乾坤位置的「六合」，把天干對應「星曜起點」，壬干「紫微星化權」，癸干「巨門星化權」。

「化科」是由「化祿」與「化權」揉合的結果，把天干對應「星曜起點」，壬干「左輔星化科」，癸干「太陰星化科」。

「化忌」是第四幅「八卦圖」：「連山八卦」的乾坤位，把天干對應「星曜起點」，壬干「武曲星化忌」，癸干「貪狼星化忌」。

六、基礎飛星（上）飛星式子

四化飛星，必須使用「飛星式子」才方便描述。

記住以下的代號：

命宮 ＝ 1	財帛宮 ＝ 5	官祿宮 ＝ 9	化祿 ＝ A	本命盤＝P
兄弟宮 ＝ 2	疾厄宮 ＝ 6	田宅宮 ＝10	化權 ＝ B	大限盤＝R
夫妻宮 ＝ 3	遷移宮 ＝ 7	福德宮 ＝11	化科 ＝ C	流年盤＝Y
子女宮 ＝ 4	友僕宮 ＝ 8	父母宮 ＝12	化忌 ＝ D	流月盤＝M

如何來使用這些「代號」，請看以下「標準示範之一」。

標準示範之一	
命盤縮圖	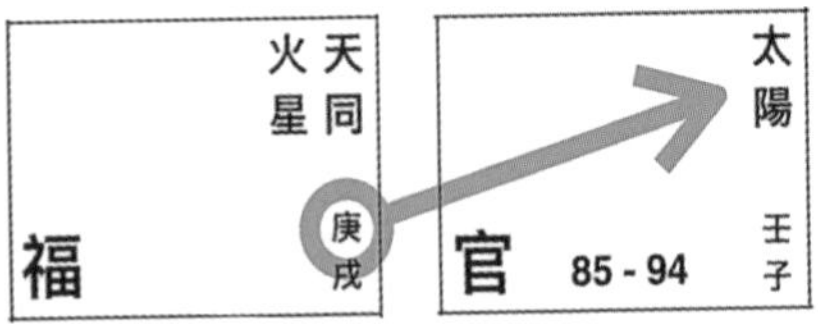
文字描述	◎「福德宮」化祿入「官祿宮」 ◎「福德宮」庚干，令「官祿宮」中太陽星「化祿」
飛星式子	$11 \xrightarrow{A} 9$
說明	◎「飛星式子」將「飛星的文字描述」簡化，讓四化飛星變得很好理解。 ◎飛星式子的基礎符號是「→」，箭頭的兩側數字都是「宮位」。 ◎箭頭兩側，左邊是「飛出」，右邊是「飛入」。 ◎箭頭上方的「A」，是「化祿」。

「標準示範之一」的飛星式子，是純粹的「本命盤」，再來看一個「跨盤飛星」的飛星式子「標準示範之二」。

標準示範之二	
命盤縮圖	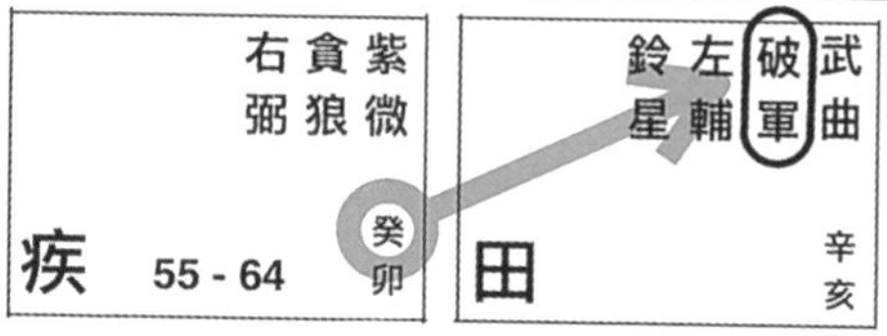
文字描述	◎「本命疾厄宮」等於「55-64 大限命宮」，又 「大限命宮」化祿入「本命田宅宮」。 ◎「55-64 大限命宮」癸干，令「本命田宅宮」中破軍星「化祿」。
飛星式子	$R1 \xrightarrow{A} P10$
說明	◎「飛星式子」將「飛星的文字描述」簡化，讓四化飛星變得很好理解，<u>尤其是「跨盤飛星」</u>，文字描述實在錯綜複雜，用「飛星式子」簡化事半功倍。 ◎飛星式子的基礎符號是「→」，箭頭的兩側數字都是「宮位」，數字前方的「英文代號」，都是指「流運單位」，<u>本命P</u>，<u>十年R</u>，<u>流年Y</u>，<u>流月M</u>。 ◎箭頭兩側，左邊是「飛出」，右邊是「飛入」。 ◎箭頭上方的「A」，是「化祿」。

關於「飛星式子」的總類型，單論「本命盤」，不跨盤的前提下，因為「箭頭」的前後數字都是象徵「十二宮位」，12宮乘以12宮共有144種，又乘上四化（ABCD），共會有576種，又因為四化有十天干之差異，共會有5760種組合。

如果加上「跨盤」，保守估計有20萬種以上的飛星變化。

七、基礎飛星（下）飛入與飛出

同一條飛星，可以有兩種視角，「飛入、飛出」。

飛星：（宮干）→（星曜）

對「宮干」而言是「我令某個宮位星曜四化」，這個視角稱為「飛出」。

對於「星曜」而言是「我的四化是由某個宮位所造成」，這個視角稱為「飛入」。

四化飛星的應用一定離不開「四化表」，而四化表的背誦都是「干祿權科忌」，順向的背誦有利於「飛出」的思考方式，但卻不利於「飛入」的思考方式。

「以干找星」，在思考上順著「四化表」的次序性，例如：甲廉破武陽，看到宮干為「甲」時，思路上要連結「廉貞、破軍、武曲、太陽」並不難。

「以星找干」，例如：宮位見「太陽星」再去找「令我生化的庚干、辛干、甲干」，這會比較難飛星，因為必須對「四化表」非常熟絡。

「飛入」與「飛出」實際上是同一組飛星式的兩種解讀法，即是「一體兩面」，但思考方式卻是大大的不同。

舉例來說：$1 \xrightarrow{A} 4$，傳統的說法為「命宮化祿入子女宮」，但也可以說成「命宮宮干令子女宮化祿」。

同一條飛星，會因為「說法」差異，令人感覺重心不同，這就像是，說話的語氣，同一句話可以因語氣差異而令人感受不同。

飛星的解讀，必須重視「以星找干」。

「星曜之化（花）」是「果報」，宮干則是其「因緣」，互為因果。

只要能產生四化的星曜一定都會有顯著的對應事件，往往「不是不報，是時候未到」，必須從「宮干」落在的位置來看發生的時間，因此才說「以星找干」之重要，原由就在於：「論斷何時發生」。

⊙星曜之化＝事件　　⊙令化之宮干＝時機＋條件

初學紫微飛星時，一定會被滿天飛星搗的七葷八素，那全都是只懂「以干找星」所造成，認為宮干能令星曜四化，滿盤的飛。

事實上，飛星有「虛實輕重」之別，唯有用「以星找干」才能明辨「虛實」以及「應期」。

當「以星找干」時，只要能令自己產生四化的宮干，落在自己的「三方四正」，包括同宮，都是「化虛為實」。

「以星找干」與「以干找星」這兩種差別，一定要清楚分明，這是「飛星之鑰」。

筆者通常只有在「論流年、十年運程」等「跨盤飛星」時才會使用「以干找星」，原因是跨盤飛星只能用「仙人撒網」的方式，這會在後面的飛星章節再詳述。

八、進階飛星（上）飛星之虛實輕重

數以萬計的飛星式子，其中有虛有實、有輕有重，而輕重虛實的判別非常重要，上一章節拿到的「飛星之鑰」，就是要用來打開這一章節「飛星虛實之門」。

心傳口訣：「三方四証化虛為實。」

關於「三方四正」這一個詞，傳統說法的「三方」是指「命宮、財帛宮、官祿宮」，「四正」是指加上「遷移宮」，一共四個宮位，以宮位代碼來說就是（159＋7）。

但也可衍伸為，任一宮位的「三合宮」稱為「三方」，加上「對宮」便稱為四正，例如兄弟宮的三方四正（2610＋8）。

而筆者得古籍之「心傳口訣」，其「三方」是指「財帛宮、官祿宮、遷移宮」，「四証」是指「命財官遷」這四個宮位宮干有能令「命宮」產生四化星時，即是「得証」，新的「三方四正」以宮位代碼來說就是（579＋1）。

因此本書只要有提到「三方」，都是指「財官遷（579）」，而非「命財官（159）」，若提到「三方四正」則與傳統一樣都是「命財官遷（1579）」四宮。

當任一宮位的「三方四正」飛星至「本方」時，包括本方的自化，都稱為「三方四証化虛為實」，其作用是讓本方所產生的四化星等同「生年四化」般實際存有。

如上述，在「化虛為實」之後，同一宮位內，最多能匯聚六顆飛星，需要再使用「飛星運算」來計算正確轉速，這在下一章節會詳述。

「化虛為實」也是影響「飛星式子」之輕重的關鍵。

筆者將飛星依重要性分為四級：「特級飛星」、「甲級飛星」、「乙級飛星」、「丙級飛星」。

在紫微斗數實戰推論中，一定是先取重要先論，輕者後論，如此才能將命盤剖析清楚。

「飛星式子」在屏除「四化、十干、跨盤」之後，在只考慮「飛星的兩端」，飛星式子只會有「144 條」，這 144 條飛星式，其四級的數量如下：

①特級飛星式：共四條

②甲級飛星式：共十二條

③乙級飛星式：共四十條

④丙級飛星式：共八十八條

以下將此「四級」飛星分別說明。

「特級飛星」共四條

設「命宮」為「本方」，其「三方四証化虛為實」便是「特級飛星」。

1→1	5→1	7→1	9→1

「甲級飛星」共十二條

設「財、官、遷」為本方，其「三方四証化虛為實」便是「甲級飛星」，三個本方，各乘以四証，一共十二條。

1→5	5→5	9→5	11→5
3→7	7→7	11→7	1→7
1→9	5→9	9→9	3→9

「乙級飛星」共四十條

設「兄疾田父子友夫福」等八宮為本方，其「三方四証化虛為實」便是「乙級飛星」，八個本方，各乘以四証，一共「32」條。

「兄疾田父子友夫福」等八宮飛星進「命宮」時，雖然不是化虛為實，重要度也不差，共「8」條，與前者合計共40條，皆為「乙級飛星」。

2→1	3→1	4→1	6→1	6→12
2→2	3→3	12→4	2→6	5→11
6→2	7→3	4→4	6→6	10→10
10→2	11→3	8→4	10→6	2→8
8→2	9→3	10→4	12→6	8→12
8→1	10→1	11→1	12→1	11→11
12→8	2→10	3→11	12→12	4→10
4→8	6→10	7→11	4→12	8→8

「丙級飛星」共八十八條

除了「命宮」以外，剩下的11宮，其各宮「三方四正」以外的「8宮」飛入本方，十一個本方，乘以虛飛的八宮，共88條。

簡單來說，就是除了命宮以外的宮位設為本方時，不是「三方四証化虛為實」的組合。

從上述四級，可以明白，各宮設為本方時，其重要度：

1→2	3→2	4→2	5→2	7→2	9→12	4→11
9→2	11→2	12→2	1→3	2→3	10→12	2→11
4→3	5→3	6→3	8→3	10→3	11→12	1→11
12→3	1→4	2→4	3→4	5→4	1→12	12→10
6→4	7→4	9→4	11→4	2→5	2→12	11→10
3→5	4→5	6→5	7→5	8→5	3→12	9→10
10→5	12→5	1→6	3→6	4→6	5→12	8→10
5→6	7→6	8→6	9→6	11→6	7→12	7→10
2→7	4→7	5→7	6→7	8→7	6→11	5→10
9→7	10→7	12→7	1→8	3→8	8→11	3→10
5→8	6→8	7→8	9→8	10→8	9→11	1→10
11→8	2→9	4→9	6→9	7→9	10→11	12→11
8→9	10→9	11→9	12→9			

（命宮）＞（財官遷）＞（兄疾田父子友夫福）

九、進階飛星（下）飛星之轉速運算

任何星曜都有基本轉速，所謂的轉速，可以看成「籌碼」的多寡，籌碼即是光陰，每人光陰的量雖然一樣，但相同光陰的使用效率卻相當的不同。

轉速正是影響了「光陰的使用效率」，越快效率越高，因此星曜轉速非常重要。

以年收入為例，當「官祿宮、遷移宮」裡頭的星曜轉速為正常時，是五十萬，轉速為十倍時，是五百萬，轉速是負的，便會負債，甚至破產。

以婚姻為例，當「夫妻宮」裡頭的星曜轉速為正常時，夫妻情緣為12年，轉速為三倍時，四年就會分手，轉速為降慢三倍時，會彼此相守36年。

轉速快，賺錢也快，但論情緣則相反，轉速快，蠟燭燒的越快，緣分一下就燒完了。

七殺星、擎羊星，轉速都是正常星曜的三倍，是最快的星曜，轉速穩定，但受宮地影響，火地加快，水地減慢。

貪狼星也是三倍快，但穩定不足，會因為「飛星」產生巨大的改變，例如：疊祿（AA）時，四十八倍加速，年收有機會破千萬，疊忌（DD）時，降轉五倍，收入一年十來萬。

從貪狼星的例子，足見「飛星」對轉速影響之巨大。

以下就來說明，轉速的計算方式。

宮位內「化虛為實的飛星四化」只要超過「一顆」以上，就必須進行轉速更正運算。

同宮內四化星之「相消」運算規則：

①科星＋權星＝兩星相消

②祿星＋忌星＝兩星相消

③祿星＋科星＝權星

④忌星＋權星＝科星

以上相消完一定只會有三種可能，剩下「祿權」、都不剩、剩下「科忌」。

舉例：當某宮位在化虛為實之後，有「祿祿權科科忌」，祿忌相消，權科相消，剩下「祿＋科」，「祿科」相加之後為「權星」，最後此宮剩餘四化「一顆權星」。

剩下的四化星，對應的轉速：

「祿星＋2」、「權星＋1」、「科星-1」、「忌星-2」

如果剩下一顆四化星，＋2 就是四倍轉速，＋1 就是二倍轉速，-1 就是二分之一倍轉速，-2 就是四分之一倍轉速。

如果剩下一顆以上的四化星，會「疊乘」。

例如，剩下「祿權 AB」就是八倍轉速，剩下「祿祿 AA」就是十六倍轉速，剩下「科忌 CD」就是八分之一倍轉速，剩下「忌忌 DD」就是十六分之一倍轉速。

飛星的「相消運算」與「速度計算」，其原理都來自於本章開頭的「四化原理」，「祿、權、科、忌」其排序上本身就符合對光陰使用效率的差異，由高而低。

十、高段飛星（上）跨盤飛星之仙人撒網

「跨盤飛星」在「行運推論」上有非常的重要，能決斷事件的發生時間。

跨盤飛星，必需滿足兩個條件才有準驗性：「由小化大」與「運盤緊黏」。

例如「流年盤Y」飛星到「大限盤R」，YR是緊黏的行運盤，而且是由小化大，便是有效的跨盤飛星。

以下列出符合上述條件的五種跨盤飛星：

①論十年：「大限盤R」飛星至「本命盤P」（R→P）

②論流年：「流年盤Y」飛星至「大限盤R」（Y→R）

③論流月：「流月盤M」飛星至「流年盤Y」（M→Y）

④論流日：「流日盤Q」飛星至「流月盤M」（Q→M）

⑤論流時：「流時盤T」飛星至「流日盤Q」（T→Q）

這五種跨盤飛星，去對應事件，必須以「時間量度」為標準，例如，一年內的閃電結婚能從「流年Y→R」看出來，如果是十年長跑而結婚則須從「大限R→P」來看。

以下舉一則真實例子來說明。

論一件事的發生，一定先看星性，再從飛星論應期，以婚姻來論，本命例在第三大限26～35時，大限命宮為巳宮，大限夫妻宮為卯宮，其大限夫妻宮內有「太陰、文昌」，這已經構成婚嫁的要素之一，而會是以怎樣的形式來走入婚姻，可以從跨盤飛星來推論，以下將「十年飛星、流年飛星」用「仙人撒網」的方式寫出來，再進一步觀察。

巨門 鈴星 己巳 26-35 福	廉貞 天相 庚午 36-45 田	天梁 辛未 46-55 官	七殺 壬申 56-65 友
貪狼 戊辰 16-25 父	陽男 火六局	於丙申年三十三歲時應 雙喜臨門	天同 火星 癸酉 66-75 遷
太陰 文昌 擎羊 丁卯 6-15 命			武曲 甲戌 76-85 疾
紫微 天府 祿存 右弼 丙寅 兄	天機 陀羅 丁丑 夫	破軍 左輔 丙子 子	太陽 文曲 乙亥 86-95 財

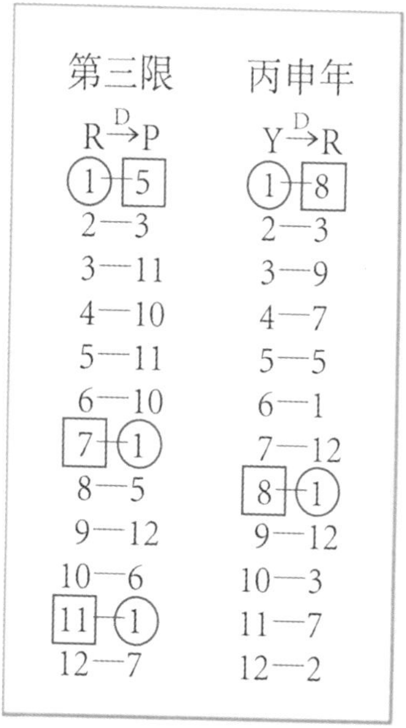

所謂的「仙人撒網」，就是將12宮的飛星都全部寫出來，如上圖便是「大限R→P」跟「流年Y→R」的仙人撒網，讀者若有將前面飛星都讀過，這邊應能依樣畫葫蘆，便不再說明此圖如何畫出來，數字都是「宮位代碼」，不是月份年份。

在飛星網路中，只要與「1」產生連結，都是發生變化的關鍵宮位，從上頭「第三限十年運」會發現與婚嫁有關的「3、8」二宮都沒有反應，由此判定並非交往很長才能結婚，反而是「流年丙申年」的「8」連環得「忌星」，前面章節所言，情緣喜忌不喜祿，轉速越慢越好，「8」是桃花情人宮，在丙申年得到了雙忌，因此從朋友昇華入婚姻，流年的時間量度是短的，因此研判閃電結婚。

論一件事，要出現足夠的命盤信息才能下判定，絕不能一式論到底，例如此例，先有大限夫妻宮現出「太陰文昌」又「流年」重疊「本命友僕宮」，這些都會強化結婚的可能，先求「有可能」再以飛星論應期。

由此例也能發現，忌星並非一無是處，像婚姻本身就需要忌星加持，而除了結婚以外，金榜題名也必須「忌星」來降低轉速才能「鯉躍龍門」，以下舉一個金榜題名的真實命例。

這一個命例在高中之前成績並不出色，國中時亦表現普通，卻於國三聯考時，以全校前三高分，考上台北建中，據命主自述，確實有著金榜題名的欣喜。

綜合本書前面幾個章節的技巧，命宮雖無主星，但可沿用「前面大限」的星曜，因此接用了「紫微、左右昌曲」，這些星曜皆屬於「有利學業」的類型，但「第一大限4～13」受到三方之「火星、陀羅」的影響，學習的專注力較弱，實力並無發揮，直至「第二大限14～23」大限命宮在卯宮，坐有極有利考運的「天府星」，已構成金榜題名的可能條件，下面來看跨盤飛星，求其應期。

廉貞 貪狼 田 34-43 己巳	巨門 官 44-53 庚午	天相 友 54-63 辛未	天同 天梁 遷 64-73 壬申
太陰 福 24-33 戊辰	陽男 金四局	於戊寅年十七歲時應 金榜題名	武曲 七殺 疾 74-83 癸酉
天府 父 14-23 丁卯			太陽 陀羅 火星 財 84-93 甲戌
命 4-13 丙寅	紫微 破軍 左輔 右弼 文曲 文昌 兄 丁丑	天機 擎羊 鈴星 夫 丙子	祿存 子 乙亥

第二限	戊寅年
R →(D) P	Y →(D) R
1—9	1—11
2—10	2—10
3—9	3—11
4—10	4—12
5—11	5—6
6—5	6—11
7—10	7—3
8—6	8—3
9—2	9—8
10—7	10—3
11—2	11—4
12—3	12—10

考運非常吃重「9、10、11、12」四宮的轉速，若有忌星在這四宮彼此糾結，則能創造非常專注的環境出來，以上圖為例，無論是「大限R→P」或「流年Y→R」都有如此現象，其中最重要的是在「第二限」中出現了「1→9」，9為官祿宮，也是科學考試的象徵位置，在往後的時光，14歲到23歲都會有慢速的表現，極適合學術研究，本例命主後來取得博士學位。

十一、高段飛星（中）飛星攻防體系

仙人撒網中的「祿權科忌」是單一使用的，如下圖，圓圈中的D就象徵整個式子都是「飛忌」，如果是A整個式子就會是「飛祿」。

相較於「仙人撒網」的四化單一使用，「攻防體系」則是「祿權科忌」的混合戰法。

攻防核心意義

化祿在命盤上表示著「存有」或「和諧」，而化忌具有「失去」或「折磨」的特性，祿忌一旦碰在一起，象徵「意料之外」的事件。

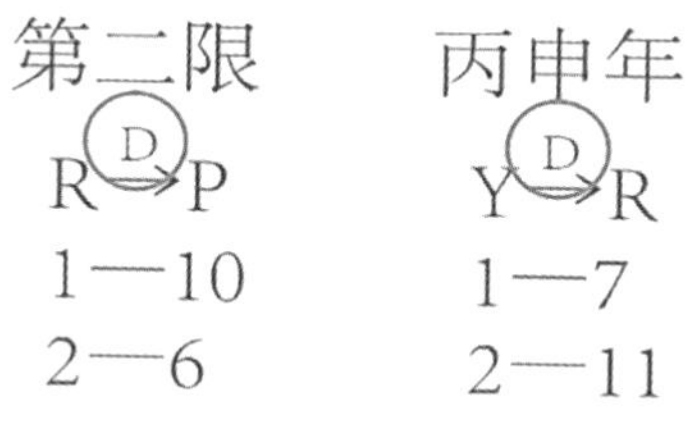

命盤中的化祿越多，象徵著豐盛與滿足的人生，但必須得到化權、化科來做為防火牆，用以抵禦化忌的攻擊。

化祿如同寶藏，化忌如同強盜，化權與化科如同護衛。

只有化祿而沒有權科保護只要遇上飛忌來衝，便令化祿消失，消失的化祿造成的痛苦，比一開始從未得到祿星來的失落。

定化與飛化

命盤共有六層四化結構：本命四化、大限四化、流年四化、流月四化、流日四化、流時四化，皆以行運盤命宮為主。

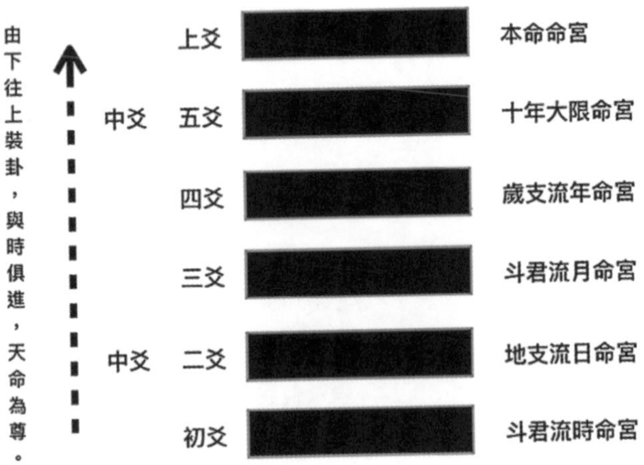

相鄰的上下兩宮，「上宮」的四化為「定」，「下宮」的四化為「飛」。

當「下宮」四化飛出去後碰到「上宮」四化就稱為「飛化碰定化」。

例如：

「大限命宮」化忌與「本命」化祿同宮，是為「飛忌碰定祿」

「大限命宮」化祿與「本命」化忌同宮，是為「飛祿碰定忌」

「流年命宮」化科與「大限命宮」化忌同宮，是為「飛科碰定忌」

同一層的相碰，是為「定碰定」。

定飛兩碰

「定飛兩碰」千變萬化，以下特別說明其中的7種，其餘讀者再自行推演。

①定祿＋定權

這是最好的組合，權不只給予祿保護，更延伸了祿的價值，如同盡了義務能擁有的權利更大，在《全書》中稱這個組合為祿權巡逢。

②定祿＋定科

祿的汲汲營營，遇上科這位慢郎中，使得人生清單上的項目完成度較為緩慢，但好處是也不怕忌的來襲，慢工出細活，在《全書》中稱這組合為科名會祿，但要真的因為科名得祿，也確實非橫發，而是長時間的累積實力而厚積薄發。

③定祿＋飛忌

原本的快樂與幸福被剝奪而去，產生了痛苦的過程，在《全書》中說道「祿逢沖破，吉處藏凶」。

④飛祿＋定忌

有好的轉變與援助，紓困原先的折磨與匱乏。

⑤定權＋定科

任勞任怨的權遇上慢條斯理的科，使得一切是如此的平凡，在《全書》稱為甲第登庸，比喻用耐心磨出非凡。

⑥定權＋定忌

權的腳踏實地，在遇上忌的挫折，能有效的度過難關，坦然面對的態度，關關難過關關過。

⑦定科＋定忌

具有優質形象與謹慎的科，在遇上挫折與磨練的忌，雖令科的緩慢特質更加緩慢，令斯文形象也不復存，但卻也讓忌不像忌，有如破舊不堪的老宅透過文創化身為藝術品，雖然不是富貴，卻也增添美麗，在《全書》稱此組合為科星逢破，紓困方法在於利用缺點來創造賣點，有句廣告詞「我真憨慢講話，但我真實在」就是這樣的意境。

十二、高段飛星（下）飛星靈魂圖

宮干讓星曜產生四化，產生四化的宮位，其宮干又再產生四化，週而復始，代代相傳，從中可觀察其四化之更迭起伏，進而能更加宏觀，透解四化全景。

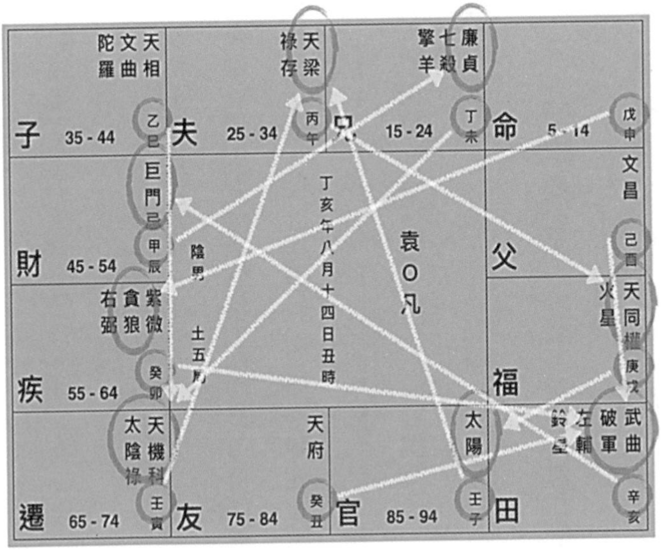

如圖，是將所有飛祿都畫出來的全景圖，但這樣的表現形式不易判讀。

筆者利用飛星式子所用的代碼，將飛祿全景圖加以符號化，轉成「飛祿靈魂圖」，並將新的表現形式稱為「Endless」。

飛祿靈魂圖，簡稱「AE」，「權科忌」的靈魂圖則分別是「BE」、「CE」、「DE」。

「Endless」中有三個基本組成，起點、轉折、終點。

而終點必定呈現「環式」，環式是一種「無窮狀態」，單宮位的環式為「點環式」，雙宮位的環式為「軸環式」，若三宮或以上的環式為「風車環式」。

起點則稱為「零式」，只有飛出，沒有飛入。

轉折點則稱為「集式」，能構成集式必定是當宮有兩線以上的「飛入」，以本例的「田宅宮10」，有從「6、8、12」三處來的飛星，便就是「集式」。

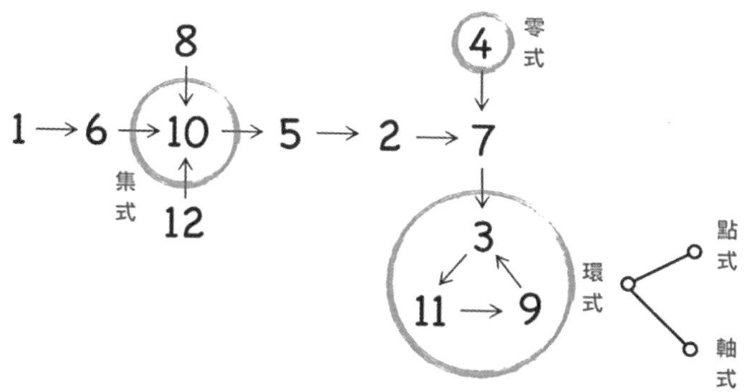

集式會因為飛入的數量又有差異，如「田宅宮10」有「6、8、12」三宮飛入，則稱為「合三集式」。

零式

這類型的宮位，沒有任何飛入的可能，只能飛出，是最穩定的宮位，其多數同時內含有「天府」、「天相」、「七殺」等星曜，凡事都有作用力與反作用力，穩定的宮位，其宮干的飛出力量也是較弱的，事有因果，既無動盪的零式宮位，其飛出的四化自然也是影響微弱。

命盤中的零式越多，不代表人生越穩定，因為「零式」越多「集式」也會跟著增加，零式主穩定，集式則主變化，若要整個命格性質是平衡穩定，應該是要同時減少此兩式的出現。

集式

這類型的宮位，總是受到其他宮位的影響，太多的飛入，有很強的動能，自然此宮位的飛出，其力道也驚人，祿權科忌集中起來，產生多方角力，縱然有著四化相消的可能，但也會留下四化攻防的痕跡，往往是命運的樞紐。

集式的飛出那一宮位，往往要特別留意，這是集式最後畢盡全功催化之處，強祿、強權、強科、強忌，皆在此位。

合一集式，這是一般的狀態，有進有出，飛入端若是零式，其化力只能算一半。

合二集式，達到兩倍的飛入，就會飛出兩倍的化力，但若飛入端其中之一是零式，飛出只能算 1.5 倍。

合三集式，有三倍飛入，飛出自然是三倍，但若其中有兩個飛入端是零式，則只有二倍，若是三個飛入端都是零式，則是 1.5 倍。

倍數不會一路傳承，假設「合三集式」飛出了三倍化力到某宮，這個宮位再飛出時，也不會是三倍。

任何倍數帶到下一宮位後，就是都從新開始，無論合了多少的集式，「飛出再飛出」都是從頭計算。

環式之「點」

環式，其最後的類型不同，特性有很大差異。

「點式」，絕無飛出的可能，為宇宙中的靜止，不起任何波濤，此類飛星如同空宮般，精神重於物質，又分三種類型。

A無飛入點式，本身也具有零式特性，既無飛入，亦無飛出，既然從未擁有，又如何失去，四化之力極微。

B單飛入點式，有得到一道飛入，起了因，自然有果，而無飛出，表示受了果報，不再起新因，此宮被動。

C多飛入點式，得到許多的飛入，但卻無飛出，化被動為主動，主動的承受與吸收。

環式之「軸」

「軸式」，是兩個宮位彼此相互的飛出與飛入，任何進來這個軸式的飛星，都只進不出，象徵因為兩宮的羈絆，影響全盤的變化，又分三種類型：

A無飛入軸式，兩個宮位彼此互飛，封閉性，象徵相當強的羈絆。

B單邊入軸式，雖然兩宮互飛，但有一宮是「集式」，又讓第三個宮位飛入，這一個「集式」宮位會是樞紐，解鈴人須繫鈴人，夾在「兩宮羈絆」與「外在飛入」之間，此宮位會是解決三邊尷尬的關鍵。

C雙邊入軸式，兩宮互飛，但兩宮各自都是「集式」，不只是羈絆，還有相當程度的角力關係，兩宮糾纏不已。

環式之「風車」

「風車」分兩種類型：

A 全封閉風車，此環式內沒有集式，能量守恆在一個循環之中，隨著此環式中宮位的多寡來影響羈絆的輕重，宮位越少，羈絆越深。

B 開放式風車，風車內只要有一「集式」就算數，被飛入的宮位為關鍵之處，是整個環式能量增減的要素。

「Endless」的維度

由於一張命盤中，飛星一定以環式作結，因此有幾個環式，也象徵會有幾個子空間，舉例來說，兩個環式，便是兩個子空間。

靈魂在於陰陽

數字為奇數者為「陽」，為偶數者為「陰」。

飛星中，陰飛陽、陽飛陰，都會讓此組飛星「具體化」。

柒、心算排盤

從拿到生辰開始，十秒內能知道命宮主星，就是本章的目標。

一、命宮先決

從「月份」上，逆時針數時辰，就能知道命宮位置。

例如：農曆四月午時，命宮在亥。農曆八月丑時，命宮在申。農曆正月亥時，命宮在卯。

四月 巳	五月 午	六月 未	七月 申
三月 辰			八月 酉
二月 卯			九月 戌
正月 寅	十二月 丑	十一月 子	十月 亥

二、局數快排

西元年份的個位數減去 3 就是年干，例如 1999 年為己年，2001 年為辛年。

如圖，知道命宮位置後，依同心圓，找對應出生「年干」的「局數」。

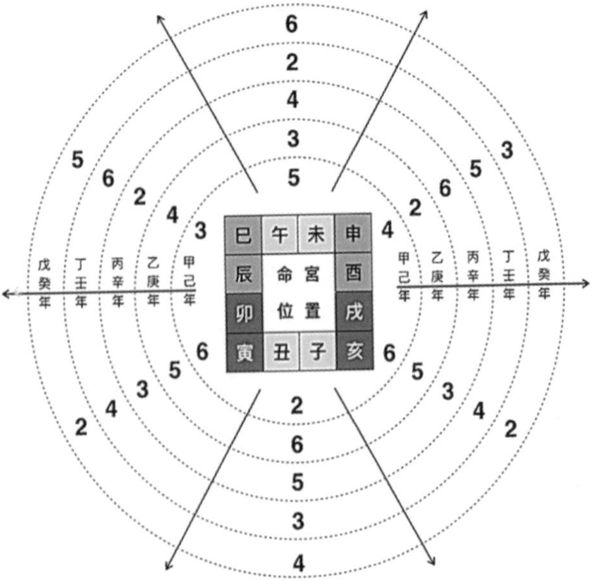

例如，命宮位置在午，丙年生，局數就是「4」。命宮位置在亥，癸年生，局數就是「2」。

這一張表其實能速記，按命宮的位置，其最內圈，可以用口訣背誦「34為肩52歸中雙6成足」。

接著把五種數串背起來：「26534、34265、42653、53426、65342」。

同心圓圖是圖像速記的方法，一般也能呈現如下圖。

局數矩陣	甲己年	乙庚年	丙辛年	丁壬年	戊癸年
子丑命	2	6	5	3	4
寅卯命	6	5	3	4	2
辰巳命	3	4	2	6	5
午未命	5	3	4	2	6
申酉命	4	2	6	5	3
戌亥命	6	5	3	4	2

三、紫微心訣

紫微心訣的原理為「易經筮法」，生日數，以局數來分堆，看總共能分幾堆，例如，生日數為17，局數3，3個3個一堆，共能分6堆，最後一堆會缺1，用「堆數」減去「缺數」，6－1＝5，從「寅宮」開始，順時針數到第五格，就會是紫微星位置。

這邊有一個轉折的概念，當「缺數」為偶數，則「堆數、缺數」相加為「紫微星」。

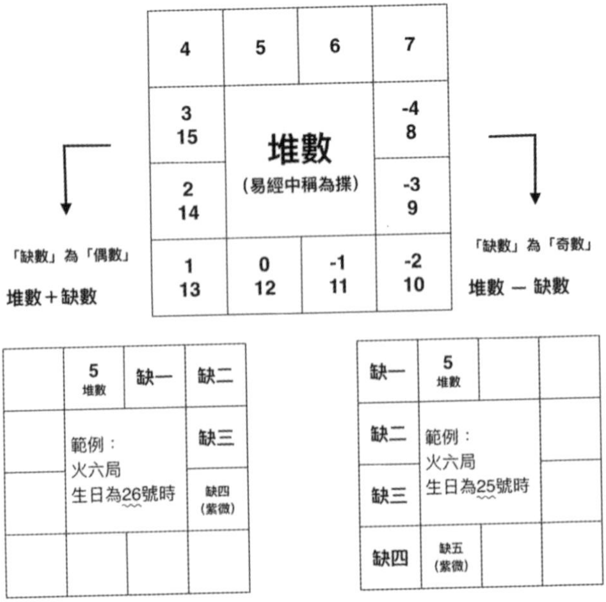

當「缺數」為奇數時，「堆數」減去「缺數」，則為紫微星。

無缺數時，堆數的位置，就是紫微星的位置，有缺數時，皆從堆數為起點，去順或逆數缺。

缺數為奇數，逆時針數缺；而缺數為偶數，順時針數缺。

四、乾坤十三太保

知道紫微星的位置後，接著佈下乾坤十三太保。

利用口訣來排五顆星：

「紫機逆行，隔一陽武同，隔二廉貞，隔三回紫微。」

如圖，巳亥兩宮是「紫殺同宮」，以巳亥一線為對稱軸，紫微的對面安下「七殺星」。

知道七殺星位置後，再利用口訣來排五顆星：

「殺梁逆行，隔一巨貪陰，隔二破軍，隔三回七殺。」

最後是安「天府星、天相星」：

「七殺對宮為天府，破軍對宮為天相。」

以上「紫微六星」加上「七殺八星」共14顆。

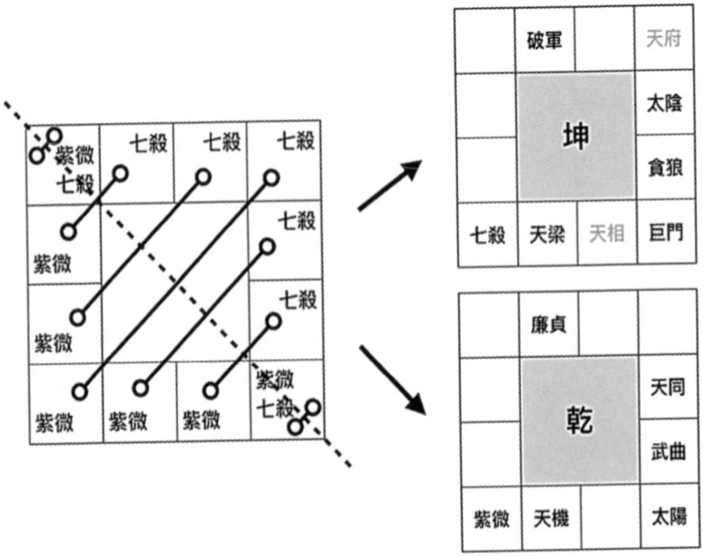

五、左右昌曲

這四顆星，起於「辰戌」二宮，皆往上數，過頂轉一圈就是。

左邊為「左曲」，右邊為「右昌」，輔弼取月份，昌曲取時辰。

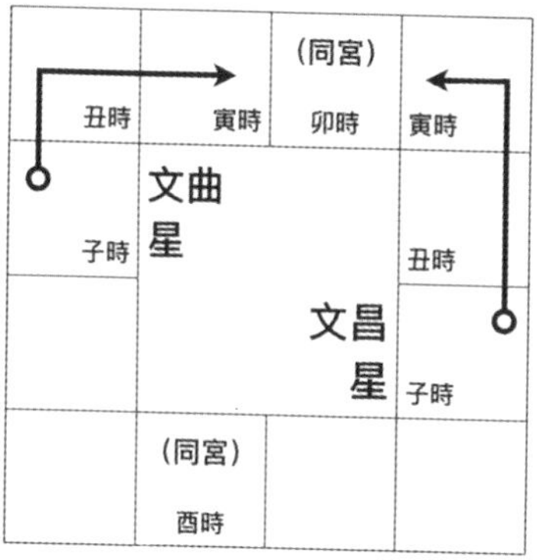

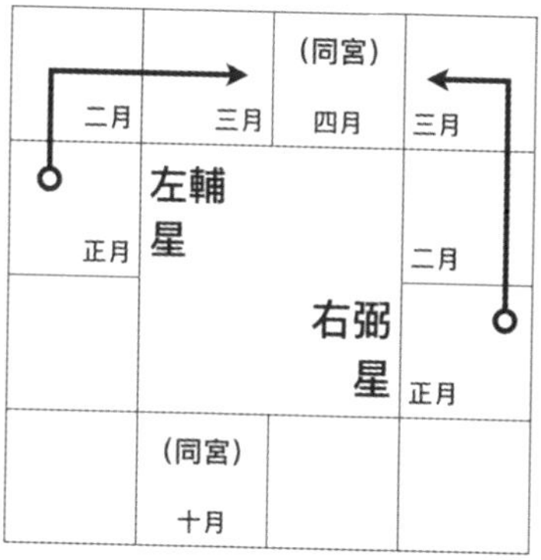

六、祿羊陀

擎羊、陀羅，永夾著祿存星，先排出祿存星，再安羊陀。

祿存星與「生年四化」一樣都是用「年干」來安星。

丙年 戊年	丁年 己年		庚年
	祿存星		辛年
乙年			
甲年		癸年	壬年

(丁年) 陀羅星	(丁年) 祿存星	(丁年) 擎羊星	
	羊陀必定夾祿存		
	擎羊星__在前 陀羅星__在後		
	(癸年) 擎羊星	(癸年) 祿存星	(癸年) 陀羅星

七、火鈴

火鈴二星，必須先以「生肖」來決定安星起點，再順時針以「時辰」來安星。

十二生肖，照「1234」的順序來決定安星起點，以火星為例，「鼠、龍、猴」起點都在「1」，「虎、馬、狗」起點都在「3」。

決定了起點後，再以時辰順佈，例如：肖兔人酉時生，火星在午宮，鈴星在未宮。肖牛人丑時生，火星在辰宮，鈴星在亥宮。

補充說明，生肖只是強化記憶的方法而已，「火星、鈴星」是依據「年支」來安星，年支的換移是以「大年初一」

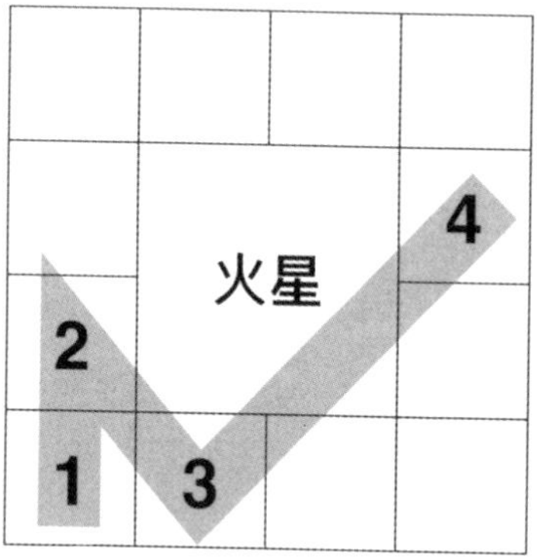

為準，而「生肖」的換移是以「立春」為準，其中奧妙，須留心。

八、五虎遁與四化

「本命四化」即是「生年四化」，以「年干」來安星，化星寫在「星曜」下方即可。「五虎遁」是一個古訣名，原本是用來推算「月干」的方法，在紫微斗數上也是用來推算「宮干」的方法。

虎為「寅宮」，干支六十甲子，天干有十，地支有十二，排列起來，必定為「同為」奇數或偶數，因此寅宮只可能是搭配「甲丙戊庚壬」等五種天干，故稱為「五虎」。

「遁」的方法，是以「年干」遁「宮干」，不同的「年干」下，其「宮干」不同，算法如下。

「年干」乘以二加一等於「寅宮干」，「寅宮干」算出來後，照十二地支的順序，佈下十天干即可。

如同此表，以年干五虎遁出「寅宮干」，之後地支順佈天干：

宮干	寅宮	卯宮	辰宮	巳宮	午宮	未宮	申宮	酉宮	戌宮	亥宮	子宮	丑宮
甲己年	丙	丁	戊	己	庚	辛	壬	癸	甲	乙	丙	丁
乙庚年	戊	己	庚	辛	壬	癸	甲	乙	丙	丁	戊	己
丙辛年	庚	辛	壬	癸	甲	乙	丙	丁	戊	己	庚	辛
丁壬年	壬	癸	甲	乙	丙	丁	戊	己	庚	辛	壬	癸
戊癸年	甲	乙	丙	丁	戊	己	庚	辛	壬	癸	甲	乙

→	化祿	化權	化科	化忌
甲	廉	破	武	陽
乙	機	梁	紫	陰
丙	同	機	昌	廉
丁	陰	同	機	巨
戊	貪	陰	右	機
己	武	貪	梁	曲
庚	陽	武	陰	同
辛	巨	陽	曲	昌
壬	梁	紫	左	武
癸	破	巨	陰	貪

結語

自幼即在命理圈中，其所見所聞也不少，長期觀察下來，對於如何好命，如何好運，確實有其心得。

人，命運好壞全依四個字「孤、群、勤、懶」。

符合公衆期許便是「群」，離經叛道便是「孤」；例如簡樸、和善、助人、造橋鋪路、寬心待人等，都是符合公衆價值觀，又例如奢侈、浪費、嫉妒、仇恨、豪取豪奪等，都較有負面觀感；跟著風向走，便不至於有災。

常言道：「人無遠慮，必有近憂」，不便宜行事，便是勤奮，凡事做最壞的打算，給自己留條活路，最忌短視與苟且偷安，往往禍端來臨，不易逃過。

又言：「天道酬勤」，只要在善道上，積極勤奮，上天有好生之德，必然家運亨通，無往不利。

若是因為職業的關係，非不得已酒色財氣，那就得把持「十善」，不貪婪、不忿怒、不迷痴、不胡言亂語、不誇大其詞、不道人長短、不惡語氣、不做非分之想、不殘殺虐命、不偷搶拐騙。

所謂：人非聖賢，孰能無過；只要「心」還在，一息尚存，一個念頭轉變，希望將如燃起燭火，瞬間點亮黑暗，虹滿長空

附錄

北斗治法武威經

北斗治法武威經：「隋大業末，英雄各起。野狐豹變，白衣龍驤。當龍蛇起陸之時，虎視鯨吞之始。有臣末涖者，則遠清是也。峙清在布衣，游藝伊洛，隱德藏機。亭亭出澗之松，落落凌霄之柏。泊乎忒德，初載清為理亂之臣。於東都洛陽，中夜忽有一人投門，清秉燭伺之，見一人頂五色芙蓉冠，服九炁雲霞之被，手執靈文一卷，命清曰：吾九天玄女也，吾知子好道，志氣絕倫，故來度子，與子武威靈文，乃天剛神法爾。若行之，臣輔聖明之君，當龍戰十數年間，公建大業，安康萬有，天下傳名，出神入聖，流芳萬古。……第一，天樞……字貪狼，主天元幷身……為天之太尉……第二，天任……字巨門，主地元幷陰刑……為天之主宰……第三，天柱……字祿存，主日元幷福……為天之空司……第四，天心……字文曲，主月元幷祿……為天之遊擊……第五，天禽……字廉貞，主江元幷官職……為天之斗君……第六，天輔……字武曲，主河元幷壽……為天之太常……第七，天衝……字破軍，主海元幷妻妾……為天之上帝……第八，輔星姓精常，諱上開，字正延，主察天下萬國、九州執政大臣罪福功過……第九，弼星姓幽空，諱冥陽，字幽寥，主察天下萬國、九州執政大臣罪福功過」

玉清無上靈寶自然北斗本生真經

玉清無上靈寶自然北斗本生真經：「真尊歎曰：大哉，汝之問也，在昔龍漢，有一國王，其名周御，聖德无邊，時人稟受八萬四千大劫，王有玉妃，明哲慈慧，號曰紫光夫人，誓塵劫中，已發至願，願生聖子，輔佐乾坤，以裨造化。後三千劫，於此王出世，因上春日，百花榮茂之時，遊戲後苑，至金蓮花溫玉池邊，脫服澡盥，忽有所感，蓮花九包，應時開發，化生九子，其二長子，是為天皇大帝，紫微大帝，其七幼子，是為貪狼、巨門、祿存、文曲、廉貞、武曲、破軍之星，或善或惡，化導群情，於玉池中，經于七日七夜，結為光明，飛居中極，去地九千萬里，化為九大寶宮，二長帝君居紫微垣太虛宮中，勾陳之位，掌握符圖，紀綱元化，為衆星之主領也。」

太上說南斗六司延壽度人妙經

太上說南斗六司延壽度人妙經：「斗宿六星，是則號南斗六司，與北斗七政分職，共理三才六合八卦九宮，總轄中外百辟官品，乃紫微、太微兩極都曹也……北斗位處坎宮，名同月曜，降神於人，名之為魄也，主司陰府，宰御水源……南斗位處离宮，名同日曜，降神於人，名之為魂也，主司陽官，宰御火帝……二司兩極，同共陶鑄萬品，生成萬物，注擬天人之爵秩，增減士庶之祿俸，延促年齡，去留災福，莫不由其與奪也……南斗第一天府司命上將鎮國真君……南斗第二天相司錄上相鎮嶽真君……南斗第三天梁延壽保命真君……南斗第四天同益筭保生真君……南斗第五天樞度厄文昌鍊魂真君……南斗第六天機上生監簿大理真君……六星真君、六星童子、火鈴將軍……南斗北斗陶魄鑄魂，魂既受鍊，乃遷轉生」

太上玄靈斗姆大聖元君本命延生心經

太上玄靈斗姆大聖元君本命延生心經：「斗姆上靈光圓大天寶月中有騫樹，色瑩瑠璃，玉兔長生，鑄鍊大藥。……生諸天衆月之明，為北斗衆星之母，斗為之魄，水為之精……斗母尊號曰：九靈太妙白玉龜臺夜光金精祖母元君，又曰：中天梵炁斗母元君，紫光明哲慈惠太素元后金真聖德天尊，又化號大圓滿月光王，又曰東華慈救皇君天醫大聖，應號不一……每發至願，願生聖子……因沐浴於九曲華池中，湧出白玉龜臺神獅寶座，斗母登于寶座之上……化生金蓮九苞，經人間七晝夜，其華池中光明愈熾愈盛，其時一時上騰九華天中，化成九所大寶樓閣，寶樓閣之中，混凝九真梵炁……是九章生神，應現九皇道體。一曰天皇，二曰紫微，三曰貪狼，四曰巨門，五曰祿存，六曰文曲，七曰廉貞，八曰武曲，九曰破軍。天皇、紫微尊帝二星居斗口娑羅上宮，真光大如車輪，得見之者，身得長生，位證真仙，永不輪轉。二星分作餘暉，為左輔、右弼，為擎羊、陀羅」

太上玄靈北斗本命延生真經

太上玄靈北斗本命延生真經：「北斗第一陽明貪狼太星君……北斗第二陰精巨門元星君……北斗第三真人祿存真星君……北斗第四玄冥文曲紐星君……北斗第五丹元廉貞綱星君……北斗第六北極武曲紀星君……北斗第七天關破軍關星君……北斗第八洞明外輔星君，北斗第九隱光內弼星君……如是真君名號，不可得聞。凡有見聞能持念者，皆道心深重，宿有善緣，得聞持誦，其功德力莫可稱量。若正信男女，值此真經，智慧性圓，道心開發，出群迷逕，入希夷門，歸奉真宗，達生榮界」

太上玄靈北斗本命延生真經註

太上玄靈北斗本命延生真經註：（以下九段皆是）

「北斗第一陽明貪狼太星君……凡人之生，皆是天炁，正北位居中一炁生水，萬物皆因水而生，故北斗居中天而旋回四方，主一切人民生死禍福……星君名魁字貪狼，又名天樞，又曰正星，主陽德七陰……配事于天，主天元幷身……管太陽真君……節侯陽明，春生萬物……為天之太尉，司政主……中監五嶽飛仙，下領後學真人，天地神靈功過輕重，莫不隸焉……身星，明暗以驗吉凶。真符曰延生之符……星圍九百二十里。」

「北斗第二陰精巨門元星君……又曰法星，主陰刑……配事于地，主地元幷命……管太陰星君……節候陰精，秋成萬物……為天之主宰，主祿位，上總天宿，下領萬靈，及學仙之人，諸以學道及兆民宿命，莫不隸焉……變形如美婦人，披纓絡，戴五色華冠，執通明之扇，以青衣女子侍從。又真形戴玄精玉冠，玄羽飛裳，執五色羽節，曰舉斗真人，號玉皇北上宸君……曰命星，真符曰度厄之符，星圍五百五十里。」

「北斗第三真人祿存真星君……又曰令星，主中禍……配事于火，主日元幷福……管水星真君……節侯真人……為天之司空，主神仙，上總九天高真，中監五嶽靈仙，下領學道之人，真仙之官莫不隸焉……變形如二十歲美丈夫，花貌，披草衣，執筆，多正面而立，又真形戴飛雲寶冠，青羽飛裳，執斗中青祿，曰履斗真人，號玉皇主仙華宸君……曰福星，真符曰保命之符，星圍七百二十餘里。」

「北斗第四玄冥文曲紐星君……又曰伐星，主天理，伐無道……配事于木，主月元幷祿……管火星真君……節侯玄冥……為天之遊擊，主伐逆，上總九天鬼神，中領北帝三官，下監萬兆，伐逆不臣，諸以凶悖莫不隸焉……變形披髮，執文字，騎五色雲龍，如婦人面，回視廉貞星，又真形戴三華寶冠，丹錦飛裳，執玄靈之節，曰步斗真人，號玉皇玄上飛華宸君……曰祿星，真符曰益筭之符，星圍八百里。」

「北斗第五丹元廉貞綱星君……又名殺星，主殺有罪，又名蘭真君……配事于土，主江元幷官職……管木星真君……節侯丹元夏，以長養萬物……為天之斗君，主命祿籍，中統鬼神簿目，下領學真兆民命籍，諸天諸地，莫不總統……變形獨髻騎白龍，戴七寶冠，從者四人，各執戰從下。又真形戴七寶飛天之冠，白錦飛裳，執青炁籙籍，曰躡紀真人，號玉皇金剛七晨君……曰官職，真符曰消灾，星圍七百二十里。」

「北斗第六北極武曲紀星君……又曰危星，主天倉五穀……配事于水，主河元幷壽……管土星真君……節候北極三冬，以收藏萬物……為天之太常，主升進，上總九天上真，中統五嶽飛仙，下領學者之身，凡功勤得輪轉階級者，悉總之焉……變形象頭人面，仗劍披纓絡，又真形戴飛精華冠，紫錦飛裳，執斗中玉冊，曰步罡真人，號玉皇北宸飛華宸君……曰壽星，真符曰散禍之符，星圍七百里。」

「北斗第七天衝破軍關星君……又曰部星，亦曰應星，主兵……配事于金，主海元幷妻妾……管金星真君……節候天關……為天之上帝，主天地機運，四時長短，天地否泰，劫會之數，莫不隸焉……變現豬頭人面，手持歡喜糰，變形披白素衣，口吐赤炁，光明奪日，立斗柄之頭。又真形戴九雲之冠，九色錦裳，執揮神之策，曰乘龍真人，號玉皇總靈九元北蓋晨君……曰主妻妾，真符曰扶衰之符，星圍九百里。」

「北斗第八洞明外輔星君……乃天之玉帝之星，上總九天，下領九地五嶽四瀆之仙官……手執火鈴，變形紫袍腰金帶　頭執笏，又隨諸國宰輔之服，曰遊行三命真人，號玉皇帝尊元晨君……乃斗中外輔，總承衆事，司察天下萬國九州執政大臣罪福功過。然燈禳謝衆灾治病服藥，以明吉凶也。此輔星倚乎闓陽，所以佐斗成功丞相之象也。」

「北斗第九隱光內弼星君……乃天之大帝之星，主變化無方仙真功過……變形緋衣，執圭，出五色之炁，又各隨諸國宰臣之服，曰徘徊三陽真人，號玉皇帝真元晨君……乃斗中內弼，總承衆事，主察天下萬國九州執政大臣罪福功過，然燈祈福應投事務，明吉暗凶以驗之。」

東經120度之日月合朔 1960～1979

年	月	日	時	分	年	月	日	時	分	年	月	日	時	分	年	月	日	時	分	年	月	日	時	分
1960	01	28	14	16	1964	01	15	04	43	1968	01	30	00	30	1972	01	16	18	52	1976	01	01	22	41
1960	02	27	02	23	1964	02	13	21	02	1968	02	28	14	55	1972	02	15	08	29	1976	01	31	14	20
1960	03	27	15	37	1964	03	14	10	14	1968	03	29	06	48	1972	03	15	19	35	1976	03	01	07	25
1960	04	26	05	45	1964	04	12	20	37	1968	04	27	23	22	1972	04	14	04	31	1976	03	31	01	08
1960	05	25	20	26	1964	05	12	05	02	1968	05	27	15	30	1972	05	13	12	08	1976	04	29	18	20
1960	06	24	11	26	1964	06	10	12	23	1968	06	26	06	24	1972	06	11	19	31	1976	05	29	09	47
1960	07	24	02	31	1964	07	09	19	31	1968	07	25	19	50	1972	07	11	03	39	1976	06	27	22	50
1960	08	22	17	16	1964	08	08	03	16	1968	08	24	07	57	1972	08	09	13	26	1976	07	27	09	40
1960	09	21	07	12	1964	09	06	12	34	1968	09	22	19	08	1972	09	08	01	29	1976	08	25	19	01
1960	10	20	20	02	1964	10	06	00	20	1968	10	22	05	45	1972	10	07	16	08	1976	09	24	03	55
1960	11	19	07	47	1964	11	04	15	16	1968	11	20	16	02	1972	11	06	09	21	1976	10	23	13	10
1960	12	18	18	47	1964	12	04	09	18	1968	12	20	02	19	1972	12	06	04	24	1976	11	21	23	11
1961	01	17	05	30	1965	01	03	05	08	1969	01	18	12	59	1973	01	04	23	43	1976	12	21	10	08
1961	02	15	16	11	1965	02	02	00	36	1969	02	17	00	26	1973	02	03	17	23	1977	01	19	22	12
1961	03	17	02	51	1965	03	03	17	56	1969	03	18	12	52	1973	03	05	08	07	1977	02	18	11	38
1961	04	15	13	37	1965	04	02	08	21	1969	04	17	02	16	1973	04	03	19	46	1977	03	20	02	33
1961	05	15	00	54	1965	05	01	19	56	1969	05	16	16	27	1973	05	03	04	55	1977	04	18	18	36
1961	06	13	13	17	1965	05	31	05	13	1969	06	15	07	09	1973	06	01	12	34	1977	05	18	10	52
1961	07	13	03	11	1965	06	29	12	53	1969	07	14	22	11	1973	06	30	19	39	1977	06	17	02	23
1961	08	11	18	35	1965	07	28	19	45	1969	08	13	13	17	1973	07	30	02	59	1977	07	16	16	36
1961	09	10	10	50	1965	08	27	02	50	1969	09	12	03	57	1973	08	28	11	25	1977	08	15	05	32
1961	10	10	02	53	1965	09	25	11	18	1969	10	11	17	39	1973	09	26	21	54	1977	09	13	17	23
1961	11	08	17	58	1965	10	24	22	12	1969	11	10	06	11	1973	10	26	11	17	1977	10	13	04	30
1961	12	08	07	52	1965	11	23	12	10	1969	12	09	17	42	1973	11	25	03	55	1977	11	11	15	10
1962	01	06	20	36	1965	12	23	05	02	1970	01	08	04	36	1973	12	24	23	07	1977	12	11	01	34
1962	02	05	08	10	1966	01	21	23	47	1970	02	06	15	13	1974	01	23	19	03	1978	01	09	12	00
1962	03	06	18	31	1966	02	20	18	50	1970	03	08	01	43	1974	02	22	13	34	1978	02	07	22	54
1962	04	05	03	45	1966	03	22	12	46	1970	04	06	12	10	1974	03	24	05	24	1978	03	09	10	37
1962	05	04	12	25	1966	04	21	04	35	1970	05	05	22	51	1974	04	22	18	17	1978	04	07	23	16
1962	06	02	21	27	1966	05	20	17	43	1970	06	04	10	21	1974	05	22	04	35	1978	05	07	12	47
1962	07	02	07	52	1966	06	19	04	09	1970	07	03	23	19	1974	06	20	12	56	1978	06	06	03	02
1962	07	31	20	24	1966	07	18	12	30	1970	08	02	13	58	1974	07	19	20	07	1978	07	05	17	51
1962	08	30	11	09	1966	08	16	19	48	1970	09	01	06	01	1974	08	18	03	02	1978	08	04	09	01
1962	09	29	03	40	1966	09	15	03	13	1970	09	30	22	32	1974	09	16	10	45	1978	09	03	00	09
1962	10	28	21	05	1966	10	14	11	51	1970	10	30	14	28	1974	10	15	20	25	1978	10	02	14	42
1962	11	27	14	29	1966	11	12	22	27	1970	11	29	05	14	1974	11	14	08	54	1978	11	01	04	07
1962	12	27	06	59	1966	12	12	11	14	1970	12	28	18	43	1974	12	14	00	25	1978	11	30	16	19
1963	01	25	21	43	1967	01	11	02	06	1971	01	27	06	56	1975	01	12	18	20	1978	12	30	03	37
1963	02	24	10	06	1967	02	09	18	44	1971	02	25	17	49	1975	02	11	13	17	1979	01	28	14	20
1963	03	25	20	09	1967	03	11	12	30	1971	03	27	03	24	1975	03	13	07	48	1979	02	27	00	45
1963	04	24	04	29	1967	04	10	06	20	1971	04	25	12	02	1975	04	12	00	39	1979	03	28	11	00
1963	05	23	12	00	1967	05	09	22	55	1971	05	24	20	32	1975	05	11	15	05	1979	04	26	21	16
1963	06	21	19	45	1967	06	08	13	14	1971	06	23	05	57	1975	06	10	02	50	1979	05	26	08	01
1963	07	21	04	42	1967	07	08	01	01	1971	07	22	17	15	1975	07	09	12	11	1979	06	24	19	58
1963	08	19	15	35	1967	08	06	10	48	1971	08	21	06	54	1975	08	07	19	57	1979	07	24	09	41
1963	09	18	04	51	1967	09	04	19	37	1971	09	19	22	42	1975	09	06	03	19	1979	08	23	01	11
1963	10	17	20	42	1967	10	04	04	24	1971	10	19	15	59	1975	10	05	11	24	1979	09	21	17	47
1963	11	16	14	51	1967	11	02	13	48	1971	11	18	09	47	1975	11	03	21	05	1979	10	21	10	24
1963	12	16	10	07	1967	12	02	00	10	1971	12	18	03	03	1975	12	03	08	50	1979	11	20	02	04
					1967	12	31	11	39											1979	12	19	16	23

東經 120 度之日月合朔 1980～1999

年	月	日	時	分	年	月	日	時	分	年	月	日	時	分	年	月	日	時	分	年	月	日	時	分
1980	01	18	05	20	1984	01	03	13	17	1988	01	19	13	26	1992	01	05	07	10	1996	01	20	20	51
1980	02	16	16	52	1984	02	02	07	47	1988	02	17	23	55	1992	02	04	03	00	1996	02	19	07	31
1980	03	17	02	56	1984	03	03	02	31	1988	03	18	10	03	1992	03	04	21	23	1996	03	19	18	45
1980	04	15	11	46	1984	04	01	20	10	1988	04	16	20	00	1992	04	03	13	03	1996	04	18	06	49
1980	05	14	20	01	1984	05	01	11	46	1988	05	16	06	12	1992	05	03	01	45	1996	05	17	19	47
1980	06	13	04	39	1984	05	31	00	48	1988	06	14	17	14	1992	06	01	11	57	1996	06	16	09	36
1980	07	12	14	46	1984	06	29	11	19	1988	07	14	05	53	1992	06	30	20	19	1996	07	16	00	15
1980	08	11	03	10	1984	07	28	19	52	1988	08	12	20	32	1992	07	30	03	36	1996	08	14	15	35
1980	09	09	18	01	1984	08	27	03	26	1988	09	11	12	50	1992	08	28	10	42	1996	09	13	07	08
1980	10	09	10	50	1984	09	25	11	11	1988	10	11	05	49	1992	09	26	18	41	1996	10	12	22	15
1980	11	08	04	42	1984	10	24	20	09	1988	11	09	22	20	1992	10	26	04	35	1996	11	11	12	17
1980	12	07	22	36	1984	11	23	06	57	1988	12	09	13	37	1992	11	24	17	11	1996	12	11	00	57
1981	01	06	15	25	1984	12	22	19	47	1989	01	08	03	22	1992	12	24	08	43	1997	01	09	12	26
1981	02	05	06	14	1985	01	21	10	29	1989	02	06	15	37	1993	01	23	02	28	1997	02	07	23	07
1981	03	06	18	32	1985	02	20	02	43	1989	03	08	02	20	1993	02	21	21	06	1997	03	09	09	16
1981	04	05	04	20	1985	03	21	19	59	1989	04	06	11	34	1993	03	23	15	15	1997	04	07	19	03
1981	05	04	12	20	1985	04	20	13	22	1989	05	05	19	47	1993	04	22	07	50	1997	05	07	04	47
1981	06	02	19	32	1985	05	20	05	42	1989	06	04	03	53	1993	05	21	22	07	1997	06	05	15	04
1981	07	02	03	04	1985	06	18	19	58	1989	07	03	13	00	1993	06	20	09	53	1997	07	05	02	41
1981	07	31	11	52	1985	07	18	07	57	1989	08	02	00	06	1993	07	19	19	25	1997	08	03	16	14
1981	08	29	22	43	1985	08	16	18	06	1989	08	31	13	45	1993	08	18	03	29	1997	09	02	07	52
1981	09	28	12	08	1985	09	15	03	20	1989	09	30	05	48	1993	09	16	11	10	1997	10	02	00	53
1981	10	28	04	14	1985	10	14	12	33	1989	10	29	23	28	1993	10	15	19	36	1997	10	31	18	02
1981	11	26	22	38	1985	11	12	22	21	1989	11	28	17	41	1993	11	14	05	35	1997	11	30	10	14
1981	12	26	18	10	1985	12	12	08	55	1989	12	28	11	20	1993	12	13	17	28	1997	12	30	00	58
1982	01	25	12	57	1986	01	10	20	22	1990	01	27	03	21	1994	01	12	07	10	1998	01	28	14	02
1982	02	24	05	13	1986	02	09	08	56	1990	02	25	16	55	1994	02	10	22	31	1998	02	27	01	26
1982	03	25	18	18	1986	03	10	22	53	1990	03	27	03	49	1994	03	12	15	06	1998	03	28	11	15
1982	04	24	04	30	1986	04	09	14	08	1990	04	25	12	29	1994	04	11	08	17	1998	04	26	19	42
1982	05	23	12	41	1986	05	09	06	10	1990	05	24	19	48	1994	05	11	01	07	1998	05	26	03	33
1982	06	21	19	52	1986	06	07	22	01	1990	06	23	02	55	1994	06	09	16	28	1998	06	24	11	51
1982	07	21	02	57	1986	07	07	12	56	1990	07	22	10	55	1994	07	09	05	38	1998	07	23	21	45
1982	08	19	10	46	1986	08	06	02	36	1990	08	20	20	40	1994	08	07	16	45	1998	08	22	10	04
1982	09	17	20	09	1986	09	04	15	11	1990	09	19	08	46	1994	09	06	02	34	1998	09	21	01	02
1982	10	17	08	04	1986	10	04	02	55	1990	10	18	23	37	1994	10	05	11	56	1998	10	20	18	10
1982	11	15	23	11	1986	11	02	14	02	1990	11	17	17	05	1994	11	03	21	36	1998	11	19	12	28
1982	12	15	17	18	1986	12	02	00	43	1990	12	17	12	22	1994	12	03	07	55	1998	12	19	06	43
1983	01	14	13	08	1986	12	31	11	11	1991	01	16	07	50	1995	01	01	18	57	1999	01	17	23	47
1983	02	13	08	33	1987	01	29	21	45	1991	02	15	01	33	1995	01	31	06	48	1999	02	16	14	40
1983	03	15	01	44	1987	02	28	08	51	1991	03	16	16	11	1995	03	01	19	48	1999	03	18	02	48
1983	04	13	15	58	1987	03	29	20	46	1991	04	15	03	38	1995	03	31	10	09	1999	04	16	12	22
1983	05	13	03	26	1987	04	28	09	35	1991	05	14	12	37	1995	04	30	01	37	1999	05	15	20	06
1983	06	11	12	39	1987	05	27	23	13	1991	06	12	20	07	1995	05	29	17	27	1999	06	14	03	04
1983	07	10	20	19	1987	06	26	13	37	1991	07	12	03	06	1995	06	28	08	51	1999	07	13	10	24
1983	08	09	03	18	1987	07	26	04	38	1991	08	10	10	28	1995	07	27	23	14	1999	08	11	19	09
1983	09	07	10	36	1987	08	24	19	59	1991	09	08	19	02	1995	08	26	12	31	1999	09	10	06	03
1983	10	06	19	16	1987	09	23	11	08	1991	10	08	05	39	1995	09	25	00	55	1999	10	09	19	35
1983	11	05	06	21	1987	10	23	01	29	1991	11	06	19	11	1995	10	24	12	37	1999	11	08	11	53
1983	12	04	20	26	1987	11	21	14	33	1991	12	06	11	57	1995	11	22	23	43	1999	12	08	06	33
					1987	12	21	02	25						1995	12	22	10	23					

東經 120 度之日月合朔 2000～2019

年	月	日	時	分	年	月	日	時	分	年	月	日	時	分	年	月	日	時	分	年	月	日	時	分
2000	01	07	02	14	2004	01	22	05	06	2008	01	08	19	37	2012	01	23	15	40	2016	01	10	09	31
2000	02	05	21	04	2004	02	20	17	19	2008	02	07	11	45	2012	02	22	06	35	2016	02	08	22	40
2000	03	06	13	18	2004	03	21	06	42	2008	03	08	01	15	2012	03	22	22	37	2016	03	09	09	56
2000	04	05	02	13	2004	04	19	21	22	2008	04	06	11	56	2012	04	21	15	19	2016	04	07	19	24
2000	05	04	12	12	2004	05	19	12	53	2008	05	05	20	19	2012	05	21	07	48	2016	05	07	03	30
2000	06	02	20	15	2004	06	18	04	27	2008	06	04	03	23	2012	06	19	23	02	2016	06	05	11	01
2000	07	02	03	21	2004	07	17	19	24	2008	07	03	10	19	2012	07	19	12	25	2016	07	04	19	02
2000	07	31	10	26	2004	08	16	09	25	2008	08	01	18	13	2012	08	17	23	55	2016	08	03	04	45
2000	08	29	18	19	2004	09	14	22	29	2008	08	31	03	58	2012	09	16	10	11	2016	09	01	17	04
2000	09	28	03	54	2004	10	14	10	48	2008	09	29	16	13	2012	10	15	20	03	2016	10	01	08	13
2000	10	27	15	59	2004	11	12	22	28	2008	10	29	07	14	2012	11	14	06	09	2016	10	31	01	38
2000	11	26	07	11	2004	12	12	09	30	2008	11	28	00	55	2012	12	13	16	42	2016	11	29	20	19
2000	12	26	01	22	2005	01	10	20	03	2008	12	27	20	23	2013	01	12	03	44	2016	12	29	14	54
2001	01	24	21	08	2005	02	09	06	29	2009	01	26	15	56	2013	02	10	15	21	2017	01	28	08	08
2001	02	23	16	21	2005	03	10	17	12	2009	02	25	09	35	2013	03	12	03	52	2017	02	26	22	59
2001	03	25	09	22	2005	04	09	04	33	2009	03	27	00	07	2013	04	10	17	35	2017	03	28	10	58
2001	04	23	23	27	2005	05	08	16	46	2009	04	25	11	24	2013	05	10	08	29	2017	04	26	20	17
2001	05	23	10	47	2005	06	07	05	56	2009	05	24	20	11	2013	06	08	23	58	2017	05	26	03	45
2001	06	21	19	58	2005	07	06	20	03	2009	06	23	03	35	2013	07	08	15	15	2017	06	24	10	31
2001	07	21	03	45	2005	08	05	11	05	2009	07	22	10	35	2013	08	07	05	51	2017	07	23	17	46
2001	08	19	10	56	2005	09	04	02	46	2009	08	20	18	02	2013	09	05	19	37	2017	08	22	02	30
2001	09	17	18	27	2005	10	03	18	29	2009	09	19	02	44	2013	10	05	08	35	2017	09	20	13	30
2001	10	17	03	24	2005	11	02	09	25	2009	10	18	13	34	2013	11	03	20	50	2017	10	20	03	13
2001	11	15	14	41	2005	12	01	23	01	2009	11	17	03	15	2013	12	03	08	23	2017	11	18	19	43
2001	12	15	04	48	2005	12	31	11	13	2009	12	16	20	02	2014	01	01	19	15	2017	12	18	14	30
2002	01	13	21	29	2006	01	29	22	15	2010	01	15	15	12	2014	01	31	05	39	2018	01	17	10	18
2002	02	12	15	42	2006	02	28	08	31	2010	02	14	10	53	2014	03	01	16	00	2018	02	16	05	06
2002	03	14	10	03	2006	03	29	18	16	2010	03	16	05	02	2014	03	31	02	46	2018	03	17	21	12
2002	04	13	03	21	2006	04	28	03	45	2010	04	14	20	29	2014	04	29	14	15	2018	04	16	09	58
2002	05	12	18	46	2006	05	27	13	26	2010	05	14	09	06	2014	05	29	02	40	2018	05	15	19	49
2002	06	11	07	48	2006	06	26	00	06	2010	06	12	19	15	2014	06	27	16	09	2018	06	14	03	44
2002	07	10	18	26	2006	07	25	12	32	2010	07	12	03	41	2014	07	27	06	43	2018	07	13	10	48
2002	08	09	03	16	2006	08	24	03	10	2010	08	10	11	09	2014	08	25	22	13	2018	08	11	17	58
2002	09	07	11	11	2006	09	22	19	45	2010	09	08	18	31	2014	09	24	14	14	2018	09	10	02	02
2002	10	06	19	18	2006	10	22	13	15	2010	10	08	02	45	2014	10	24	05	58	2018	10	09	11	47
2002	11	05	04	35	2006	11	21	06	19	2010	11	06	12	52	2014	11	22	20	33	2018	11	08	00	03
2002	12	04	15	35	2006	12	20	22	01	2010	12	06	01	37	2014	12	22	09	36	2018	12	07	15	21
2003	01	03	04	24	2007	01	19	12	01	2011	01	04	17	03	2015	01	20	21	15	2019	01	06	09	28
2003	02	01	18	49	2007	02	18	00	15	2011	02	03	10	31	2015	02	19	07	48	2019	02	05	05	04
2003	03	03	10	35	2007	03	19	10	43	2011	03	05	04	47	2015	03	20	17	36	2019	03	07	00	05
2003	04	02	03	20	2007	04	17	19	37	2011	04	03	22	33	2015	04	19	02	58	2019	04	05	16	51
2003	05	01	20	15	2007	05	17	03	28	2011	05	03	14	51	2015	05	18	12	14	2019	05	05	06	46
2003	05	31	12	20	2007	06	15	11	14	2011	06	02	05	03	2015	06	16	22	05	2019	06	03	18	03
2003	06	30	02	40	2007	07	14	20	04	2011	07	01	16	55	2015	07	16	09	25	2019	07	03	03	17
2003	07	29	14	53	2007	08	13	07	03	2011	07	31	02	40	2015	08	14	22	55	2019	08	01	11	12
2003	08	28	01	26	2007	09	11	20	45	2011	08	29	11	04	2015	09	13	14	42	2019	08	30	18	37
2003	09	26	11	10	2007	10	11	13	01	2011	09	27	19	09	2015	10	13	08	06	2019	09	29	02	27
2003	10	25	20	51	2007	11	10	07	04	2011	10	27	03	57	2015	11	12	01	48	2019	10	28	11	39
2003	11	24	06	59	2007	12	10	01	41	2011	11	25	14	10	2015	12	11	18	30	2019	11	26	23	06
2003	12	23	17	44						2011	12	25	02	07						2019	12	26	13	14

東經 120 度之日月合朔 2020～2039

年	月	日	時	分	年	月	日	時	分	年	月	日	時	分	年	月	日	時	分	年	月	日	時	分
2020	01	25	05	43	2024	01	11	19	57	2028	01	26	23	13	2032	01	13	04	07	2036	01	28	18	17
2020	02	23	23	32	2024	02	10	07	00	2028	02	25	18	38	2032	02	11	14	25	2036	02	27	13	00
2020	03	24	17	29	2024	03	10	17	01	2028	03	26	12	32	2032	03	12	00	25	2036	03	28	04	58
2020	04	23	10	27	2024	04	09	02	21	2028	04	25	03	48	2032	04	10	10	40	2036	04	26	17	34
2020	05	23	01	39	2024	05	08	11	23	2028	05	24	16	17	2032	05	09	21	36	2036	05	26	03	17
2020	06	21	14	42	2024	06	06	20	39	2028	06	23	02	28	2032	06	08	09	33	2036	06	24	11	11
2020	07	21	01	34	2024	07	06	06	58	2028	07	22	11	03	2032	07	07	22	42	2036	07	23	18	18
2020	08	19	10	42	2024	08	04	19	13	2028	08	20	18	44	2032	08	06	13	12	2036	08	22	01	35
2020	09	17	19	00	2024	09	03	09	56	2028	09	19	02	24	2032	09	05	04	58	2036	09	20	09	52
2020	10	17	03	32	2024	10	03	02	50	2028	10	18	10	58	2032	10	04	21	27	2036	10	19	19	51
2020	11	15	13	08	2024	11	01	20	47	2028	11	16	21	19	2032	11	03	13	45	2036	11	18	08	15
2020	12	15	00	17	2024	12	01	14	22	2028	12	16	10	06	2032	12	03	04	54	2036	12	17	23	34
2021	01	13	13	01	2024	12	31	06	28	2029	01	15	01	25	2033	01	01	18	18	2037	01	16	17	35
2021	02	12	03	07	2025	01	29	20	36	2029	02	13	18	33	2033	01	31	06	00	2037	02	15	12	55
2021	03	13	18	22	2025	02	28	08	45	2029	03	15	12	20	2033	03	01	16	24	2037	03	17	07	36
2021	04	12	10	31	2025	03	29	18	59	2029	04	14	05	40	2033	03	31	01	53	2037	04	16	00	08
2021	05	12	03	01	2025	04	28	03	32	2029	05	13	21	43	2033	04	29	10	47	2037	05	15	13	55
2021	06	10	18	53	2025	05	27	11	03	2029	06	12	11	51	2033	05	28	19	37	2037	06	14	01	11
2021	07	10	09	17	2025	06	25	18	32	2029	07	11	23	51	2033	06	27	05	08	2037	07	13	10	32
2021	08	08	21	51	2025	07	25	03	12	2029	08	10	09	57	2033	07	26	16	13	2037	08	11	18	42
2021	09	07	08	53	2025	08	23	14	06	2029	09	08	18	45	2033	08	25	05	40	2037	09	10	02	26
2021	10	06	19	05	2025	09	22	03	54	2029	10	08	03	15	2033	09	23	21	40	2037	10	09	10	34
2021	11	05	05	15	2025	10	21	20	26	2029	11	06	12	24	2033	10	23	15	29	2037	11	07	20	04
2021	12	04	15	44	2025	11	20	14	48	2029	12	05	22	53	2033	11	22	09	39	2037	12	07	07	39
2022	01	03	02	34	2025	12	20	09	43	2030	01	04	10	50	2033	12	22	02	47	2038	01	05	21	41
2022	02	01	13	46	2026	01	19	03	53	2030	02	03	00	08	2034	01	20	18	03	2038	02	04	13	52
2022	03	03	01	36	2026	02	17	20	02	2030	03	04	14	36	2034	02	19	07	11	2038	03	06	07	16
2022	04	01	14	25	2026	03	19	09	24	2030	04	03	06	03	2034	03	20	18	15	2038	04	05	00	43
2022	05	01	04	28	2026	04	17	19	53	2030	05	02	22	12	2034	04	19	03	27	2038	05	04	17	20
2022	05	30	19	31	2026	05	17	04	02	2030	06	01	14	22	2034	05	18	11	13	2038	06	03	08	25
2022	06	29	10	53	2026	06	15	10	55	2030	07	01	05	36	2034	06	16	18	26	2038	07	02	21	33
2022	07	29	01	55	2026	07	14	17	44	2030	07	30	19	11	2034	07	16	02	16	2038	08	01	08	40
2022	08	27	16	17	2026	08	13	01	37	2030	08	29	07	08	2034	08	14	11	54	2038	08	30	18	13
2022	09	26	05	55	2026	09	11	11	27	2030	09	27	17	55	2034	09	13	00	14	2038	09	29	02	58
2022	10	25	18	49	2026	10	10	23	50	2030	10	27	04	17	2034	10	12	15	33	2038	10	28	11	53
2022	11	24	06	57	2026	11	09	15	03	2030	11	25	14	47	2034	11	11	09	17	2038	11	26	21	47
2022	12	23	18	18	2026	12	09	08	53	2030	12	25	01	33	2034	12	11	04	15	2038	12	26	09	03
2023	01	22	04	54	2027	01	08	04	24	2031	01	23	12	32	2035	01	09	23	03	2039	01	24	21	37
2023	02	20	15	06	2027	02	06	23	57	2031	02	21	23	49	2035	02	08	16	23	2039	02	23	11	18
2023	03	22	01	24	2027	03	08	17	31	2031	03	23	11	50	2035	03	10	07	10	2039	03	25	02	00
2023	04	20	12	14	2027	04	07	07	51	2031	04	22	00	58	2035	04	08	18	58	2039	04	23	17	36
2023	05	19	23	54	2027	05	06	18	59	2031	05	21	15	17	2035	05	08	04	04	2039	05	23	09	38
2023	06	18	12	37	2027	06	05	03	41	2031	06	20	06	25	2035	06	06	11	22	2039	06	22	01	22
2023	07	18	02	32	2027	07	04	11	03	2031	07	19	21	41	2035	07	05	18	00	2039	07	21	15	55
2023	08	16	17	39	2027	08	02	18	05	2031	08	18	12	33	2035	08	04	01	12	2039	08	20	04	51
2023	09	15	09	40	2027	09	01	01	41	2031	09	17	02	47	2035	09	02	10	00	2039	09	18	16	23
2023	10	15	01	56	2027	09	30	10	37	2031	10	16	16	21	2035	10	01	21	08	2039	10	18	03	09
2023	11	13	17	28	2027	10	29	21	37	2031	11	15	05	10	2035	10	31	10	59	2039	11	16	13	47
2023	12	13	07	32	2027	11	28	11	25	2031	12	14	17	06	2035	11	30	03	38	2039	12	16	00	32
					2027	12	28	04	13						2035	12	29	22	32					

國家圖書館出版品預行編目資料

斗數春秋／施大堯--初版.--臺中市：白象文化，
2017.04
面： 公分.——（天地道；17）
ISBN 978-986-358-483-4（平裝）
1.紫微斗數
293.11 106003348

天地道（17）

斗數春秋

作　　者　施大堯
校　　對　施大堯
專案主編　吳適意
出版編印　吳適意、林榮威、林孟侃、陳逸儒、黃麗穎
設計創意　張禮南、何佳諠
經銷推廣　李莉吟、莊博亞、劉育姍、李如玉
經紀企劃　張輝潭、洪怡欣、徐錦淳、黃姿虹
營運管理　林金郎、曾千熏
發 行 人　張輝潭
出版發行　白象文化事業有限公司
412台中市大里區科技路1號8樓之2（台中軟體園區）
出版專線：（04）2496-5995　　傳真：（04）2496-9901
401台中市東區和平街228巷44號（經銷部）
購書專線：（04）2220-8589　　傳真：（04）2220-8505
印　　刷　基盛印刷工場
初版一刷　2017 年 4 月
初版二刷　2017 年 9 月
二版一刷　2020 年 6 月
定　　價　385 元